图表解管理实践系列

图表解
生产线管理精益改善实战

王文胜 ◎ 编著

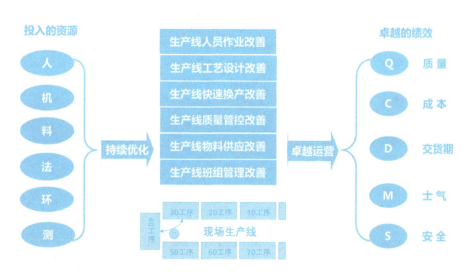

机械工业出版社
CHINA MACHINE PRESS

作者具有近20年的精益改善咨询指导经验，针对我国的制造型企业，围绕生产线的精益改善，总结提炼出这本实战型专业书籍。本书对生产线人员的高效作业改善、生产线的工艺改善、生产线的快速换产改善、生产线的质量改善道具应用、生产线的物料供应改善以及生产线的班组管理改善等均给出了具体、翔实的指导和建议。本书特色是案例具体，改善表单、道具和实战照片丰富。

本书的读者对象为制造型企业的生产管理人员（包括生产经理、车间主任和主管、生产线班组长等），工艺、技术、设备、物流等从业人员，精益改善和工业工程改善人员，希望可以让企业拿来即用，加强改善活动，提升生产线运行和管理水平。

图书在版编目（CIP）数据

图表解生产线管理精益改善实战/王文胜编著. —北京：机械工业出版社，2023.9（2024.8重印）
（图表解管理实践系列）
ISBN 978-7-111-73853-4

Ⅰ.①图… Ⅱ.①王… Ⅲ.①制造工业-自动生产线-工业企业管理-中国-图解 Ⅳ.①F426.4-64

中国国家版本馆CIP数据核字（2023）第176464号

机械工业出版社（北京市百万庄大街22号　邮政编码100037）
策划编辑：李万宇　　　　　　　　　　责任编辑：李万宇　马新娟
责任校对：丁梦卓　李　杉　闫　焱　　封面设计：鞠　杨
责任印制：张　博
北京建宏印刷有限公司印刷
2024年8月第1版第2次印刷
169mm×239mm·11印张·202千字
标准书号：ISBN 978-7-111-73853-4
定价：55.00元

电话服务　　　　　　　　　网络服务
客服电话：010-88361066　　机　工　官　网：www.cmpbook.com
　　　　　010-88379833　　机　工　官　博：weibo.com/cmp1952
　　　　　010-68326294　　金　书　网：www.golden-book.com
封底无防伪标均为盗版　机工教育服务网：www.cmpedu.com

前　言

　　制造业是我国国民经济的主体，是立国之本、兴国之器、强国之基。自改革开放以来，我国制造业持续高速发展，建成了门类较齐全的产业体系，有力地推动了工业化和现代化进程，显著增强了综合国力。然而，我国制造业在自主创新能力、资源利用效率、产业结构水平、信息化程度、质量效益等方面还存在一些不足，转型升级和跨越发展的任务紧迫而艰巨。产品制造是真正创造社会价值的过程，作为产品制造核心载体的生产线的改善，是企业实现转型升级和跨越式发展的重要战场。

　　作者是20世纪80年代的工科大学生，参加生产线改善相关工作已经30余年，期间服务过的企业既有国有企业也有国际化的跨国公司，从事过的岗位包括技术工程师、公司高管，后来进入制造业咨询服务行业。在近20年的咨询服务经历中，作者曾帮助和指导国有企业、外资企业和民营企业等各类企业，覆盖了汽车、汽配电子电器、装备制造等众多行业。通过借鉴和应用国际上系统先进的精益改造方法论、详细具体的改善工具和技法，帮助和指导我国制造型企业进行系统、全面的精益改善活动，提升企业生产运营能力和管理水平。特别是针对企业的生产线改善工作，作者咨询过的企业均取得了不错的改善成效，积累了很多改善经验。

　　本书是作者为了帮助企业实现从制造模式、管理模式到经营模式的系统改造，指导企业进行提升员工工作效率的作业改善、生产线的制造工艺优化的工艺改善、提升生产线的灵活性和柔性的快速换产改善、生产线制造过程中保证和提升产品质量的管理道具和技法应用、方便生产线拿取和使用物料的改善、加强和提升生产线的班组管理能力和水平的精益班组改善等活动，并加以总结、归纳和整理出版的专业书籍。

　　本书改善案例具体、翔实，改善应用表单、道具和实战照片丰富，希望可以帮助众多的制造型企业加强生产线的改善活动，提升生产线运行和管理水平，为提高我国制造型企业的生产线管理能力做出微薄的贡献。

王文胜
精益改善专家顾问

目 录

前 言

第1章 制造型企业生产线管理的要求和存在的问题 ... 1
1.1 《中国制造2025》对制造型企业管理的要求 ... 2
1.2 制造型企业生产线管理的主要挑战和困难 ... 2
1.2.1 制造型企业生产线管理的主要挑战 ... 3
1.2.2 制造型企业生产线管理的困难 ... 4
1.3 生产线精益管理的要求和关键绩效指标 ... 5
1.3.1 生产线精益管理的要求 ... 5
1.3.2 生产线精益管理的关键绩效指标 ... 6

第2章 生产线人员的高效作业改善 ... 11
2.1 作业中的典型浪费 ... 12
2.2 机加工生产线的人员作业改善方法 ... 13
2.2.1 如何进行生产线作业时间测量 ... 13
2.2.2 如何确定标准工时 ... 17
2.2.3 如何核定生产线的加工能力 ... 21
2.2.4 如何改善生产线的人机配合作业 ... 23
2.2.5 生产线人员高效作业管理道具——标准作业票 ... 27
2.3 装配线的人员作业改善方法 ... 29
2.3.1 "山积图"的应用方法 ... 30
2.3.2 "线平衡"的管理 ... 32
2.3.3 "ECRS"的改善应用 ... 33
2.4 作业人员的多能工化改善 ... 35
2.4.1 作业人员多能工化改善的背景 ... 35
2.4.2 作业人员多能工化改善的目标 ... 36
2.4.3 作业人员多能工培养的方法 ... 36
2.4.4 员工技能培训道场和道具 ... 40

第3章　生产线的工艺改善 ··· 45
3.1　生产线工艺改善的关注点 ···································· 46
3.2　生产线工艺改善实现单件流 ··································· 49
3.3　生产线工艺改善实现产能提升 ································· 55
3.4　生产线工艺改善降低劳动强度 ································· 60
3.5　生产线工艺改善降低物料种类和复杂性 ·························· 63

第4章　生产线的快速换产改善 ····································· 67
4.1　为什么要做生产线的快速换产改善 ······························ 68
4.2　生产线快速换产改善的目的和目标 ······························ 69
4.2.1　快速换产改善的目的 ·································· 69
4.2.2　快速换产改善的目标 ·································· 69
4.3　生产线快速换产改善的步骤和方法 ······························ 70
4.3.1　快速换产的几个基本概念 ······························· 70
4.3.2　快速换产"六步法" ·································· 70

第5章　生产线的质量改善道具应用 ································· 81
5.1　生产线质量管理道具化 ······································· 82
5.1.1　简化和加强质量检查的道具——快检量具 ··················· 82
5.1.2　提升员工质量意识的管理道具——不良品展示台 ··············· 86
5.1.3　加强制程质量控制的管理道具——保留品台 ··················· 88
5.1.4　不良品分析的管理道具——不良品解析台 ····················· 92
5.1.5　不良品区隔管理的道具——红"BOX" ························ 93
5.2　QCC小组改善活动 ·· 94
5.2.1　什么是QCC小组改善活动 ································ 95
5.2.2　QCC小组的特点 ······································· 95
5.2.3　QCC小组的作用 ······································· 95
5.2.4　QCC小组改善活动的程序 ······························· 95
5.2.5　QCC小组改善活动实战案例 ······························ 105

第6章　生产线的物料供应改善 ····································· 111
6.1　生产线物料供应的主要困难 ··································· 112
6.2　生产线物料供应改善活动 ····································· 112
6.2.1　生产线边物料容器改善 ································· 112
6.2.2　生产线上下料和序间流动改善 ····························· 118
6.2.3　生产线边物料高效配置改善 ····························· 121
6.2.4　生产线边物料放置数量改善 ····························· 125

6.2.5　生产线边物料取用防错改善 ………………………………………… 127

第7章　生产线的班组管理改善 ………………………………………… 131
7.1　生产线班组管理的主要问题 …………………………………………… 132
7.2　生产线班组"7个维度3个层面"管理改善方法 ……………………… 133
  7.2.1　生产线班组管理的"7个维度" ………………………………… 133
  7.2.2　生产线班组管理的"3个层面" ………………………………… 144
7.3　生产线班组管理的道具——班组管理板 ……………………………… 146
7.4　生产过程管理的道具——生产管理板 ………………………………… 155
7.5　班组长生产线管理标准化方法改善 …………………………………… 156
7.6　生产线班组管理的"T级会议"管理改善 …………………………… 162
7.7　生产线异常管理的道具——"安灯"应用改善 ……………………… 164
7.8　生产线改善管理的道具——"大野圈"应用改善 …………………… 166

参考文献 …………………………………………………………………… 169

第 1 章

制造型企业生产线管理的要求和存在的问题

1.1 《中国制造2025》对制造型企业管理的要求

制造业作为我国国民经济的主体,是立国之本、兴国之器、强国之基。为了提高我国制造业的管理水平,多部委2015年联合编制了《中国制造2025》行动纲领,对制造业如何改进提升提出了指导性的要求和建议。

1. 明确了要从制造业大国向制造业强国进行转变

虽然我国制造业通过快速发展已经建成门类齐全的产业体系,生产制造的能力和规模在世界上位于前茅,但是我国制造业自主创新能力弱;生产的高精尖产品不多;产品质量还有一定的提升空间;生产效率和资源利用效率偏低;产业结构不合理;大多数产业尚处于价值链的中低端。《中国制造2025》对制造型企业提升制造水平、管理和经营能力提出了更高的要求。作为制造型企业的核心资源,生产线的制造能力提升是重中之重。

2. 明确了制造强国的路线图

力争通过"三步走",到2025年迈入制造业强国行列;到2035年,我国制造业整体达到世界制造强国阵营中等水平;新中国成立一百年时,我国制造业大国地位更加巩固,综合实力进入世界制造强国前列。这个路线图大体上按照每一步用十年左右的时间来实现我国从制造业大国向制造业强国转变的目标。现在离"第一步走"的目标时间节点越来越近了,对制造型企业如何通过改善实现第一步强国目标的时间要求也更加紧迫。

3. 明确了"制造强国"的具体发展目标,加快推动我国由工业大国向工业强国的转变

2020年和2025年制造业主要采用了创新能力、质量效益、两化融合、绿色发展四大类共12项指标,其中制造业质量竞争力指数和制造业全员劳动生产率两个指标对制造型企业生产线的实际运作和管理能力提升提出了明确要求,制造型企业的管理改善活动需要围绕这两个核心指标来进行。

1.2 制造型企业生产线管理的主要挑战和困难

从制造业大国向制造业强国转变,改善要落在生产现场,落在一条一条的生产线的运营管理上。如何改善才能从制造业质量竞争力指数和制造业全员劳动生产率这两个指标上体现出成果来呢?这需要我们从客户需求变化带来的挑战和制造型企业内部生产线运行管理的困难两个方面综合分析和考虑。

1.2.1 制造型企业生产线管理的主要挑战

1. 客户要求产品物美价廉的挑战

现在具有各种各样功能的产品不断涌现,众多的制造工厂在运转中,产销关系已经进入了供过于求的阶段,产品的功能性和质量要求作为必要项却不再是客户的重点关注项,客户转而对产品的价格非常敏感。谁家的产品质量可靠、物美价廉,就可以获得更多客户的青睐,获得更多的订单。作为制造型企业,针对客户的这种变化应该如何应对呢?绝大多数企业在这种情况下只能被动地采用降价的方式来取得客户订单,陷入了价格战的怪圈,销量上去了,利润却没有了。这就需要制造型企业转变经营思路,向以利润为中心的制造模式(见图1-1)转变。

图1-1 以利润为中心的制造模式

产品物美价廉才有竞争力,同时企业也需要获得合理的利润才可以生存和持续发展。如何在低价和利润之间鱼和熊掌都可以兼得呢?这就需要制造型企业的生产线更加合理高效地配置人、机、料、法、环、测等资源,在被动降低售价的同时,通过主动改善降低成本,保证合理的利润,这样才是真正有效的应对措施。

2. 客户个性化需求的挑战

在产品供不应求阶段,制造型企业处于支配地位,生产线生产什么产品,客户就只能买到什么产品,制造型企业一般采用大规模制造的生产方式,把产品更多地生产出来就行了。现在绝大多数企业的产品是供过于求的状态,客户的需求变得多样化,订单也变得量很小,但是品种越来越多。这种需求变化和生产线大批量生产的制造模式产生了严重冲突,怎样应对客户多品种小批量的订单需求对制造型企业的制造和交付提出了更高的要求和挑战，怎样应对这个挑战是摆在生产线改善提升面前的一个极具挑战性的工作。

3. 客户要求交货期越来越短的挑战

在产品供不应求阶段，制造型企业采用大规模制造的生产方式，制订生产计划，按照计划组织资源进行生产和交付，客户基本没有发言权。现在是产品供过于求的时代，客户需求多样化，能够满足客户需求的制造资源也很丰富，使得客户在产销之间的关系中处于有利位置，在保质保量的前提下，对交货期的要求也变得越来越短。如何通过改善来解决制造型企业大规模制造交货期长的特点与客户要求的越来越短的交货期之间的矛盾也是一件非常有挑战的事。

1.2.2 制造型企业生产线管理的困难

1. 人员管理的困难

现在制造型企业人员管理比较困难，主要体现在人员不容易招聘到和作业者管理困难。随着人口出生率下降和逐渐步入老龄化社会的影响，以及越来越多的青年人对工作收入、劳动负荷和舒适程度要求比较高，现在愿意进工厂当工人的人比较少，很多工厂已经陷入频繁招工还一直缺员的怪圈。另外，即使进入工厂成为一名工人，现在的年轻人思想活跃，自主意识较强，对这些工人的管理难度也加大。如何招聘到工人，如何管理好生产线的工人，面对这些困难，企业和各级管理人员需要拿出有针对性的解决措施。

2. 各个职能管理部门业务协同的困难

现在的产品功能越来越全面且复杂，相应的，对生产线上的作业要求也变得更加严格。采用什么样的工艺技术更加合理、高效，使用什么样的制造设备更加先进、科学，应用什么样的作业方法更加可靠、高效，出现质量问题时应该怎样快速解决，出现停工待料问题时又应该由哪个部门来解决等，这些困难已经不是生产线的班组长和工人们能够解决的了，更多时候需要技术、工艺、设备、质量、采购和生产管理等相关的职能管理部门来协同处理。随着业务专业化程度的提高，职能管理部门业务条块分隔，部门壁垒越来越高，严重制约了生产线问题的及时、快速协同解决，从而形成了生产线管理的又一大困难。

3. 现场班组管理的困难

随着制造过程专业化程度的提高，生产方式已经不是以前的单打独斗模式，现在更加强调团队作业和工作协同，对生产现场班组长的管理能力要求也更高。很多企业对于班组长应该起到什么作用、应该负责哪些具体的监督管理工作没有明确的标准和要求，让一个班组长管理上百人都是常事，对现场班组管理重视程度不高。岂不知生产现场是产品制造的主战场，怎样安全地、保质保量地完成生产任务，现场班组管理是非常重要且不可或缺的。班组长作为兵头将尾，是生产线能够安全、正常、高效运行的保障，让班组长能够敢管、会管、管好生产线是非常重要的事情。怎样培养和提高现场班组长的管理能力，提升生产现场的管理水平，解决现场班组管理的困难对于企业来说是当务之急，需要提上议事日程。

1.3　生产线精益管理的要求和关键绩效指标

企业针对《中国制造2025》的要求，以及客户需求变化的挑战和制造型企业内部管理的困难，应该如何做呢？现阶段最有效的方式就是精益管理。精益管理是美国麻省理工学院的研究小组在对日本丰田汽车公司的生产管理方式进行调查研究之后，对这种生产方式所赋予的名称，是以最合理的投入取得最有竞争力的产出，并用最快的速度设计、生产产品，以最低的成本、合理的价格在市场上销售，以明显的竞争优势，全面、灵活、优质、丰富、满意地服务客户，并让最终成果落到企业的经济效益上，是企业获得高质量、高效率、低成本竞争优势的有效管理方法，也是当今企业共识的卓越企业管理哲学。

1.3.1　生产线精益管理的要求

精益管理是企业获得核心竞争力的有效武器，那么作为制造型企业核心的生产线，其精益管理的要求有哪些呢？

生产线的精益管理对象和项目（见图1-2）是围绕着"6+5"要素进行的。

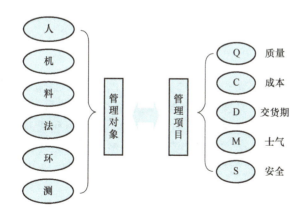

图1-2　生产线精益管理对象和项目

"6"个生产线精益管理的对象包含人、机、料、法、环、测6方面；"5"个生产线精益管理的项目是Q（质量）、C（成本）、D（交货期）、M（士气）、

S（安全）5方面。生产线的人、机、料、法、环、测6个管理对象应该如何高效地组织和运转，才能够在Q、C、D、M、S 5个管理项目上取得好的绩效呢？这需要从生产线精益管理执行层面（见图1-3）上明确，具体内容分为"3个层面7个维度"。

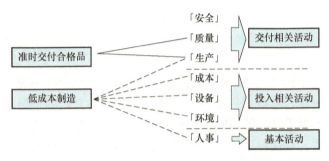

图1-3　生产线精益管理执行层面

对于3个层面解释如下：

1）交付相关活动。它是和生产线的生产交付活动直接相关的，包括"安全""质量"和"生产"3个维度，是保证生产线实现按照客户要求准时交付合格品的核心要素。

2）投入相关活动。它是和生产线的投入相关活动相关联的，包括"成本""设备"和"环境"3个维度，是生产线实现低成本制造需要重点管理的部分。

3）基本活动。它是生产线运营和管理的基础，即"人事"，只有把生产线运行和管理的基本资源"人"培养好、管理好，才能实现通过低成本制造，准时交付合格品的最终目标。

1.3.2　生产线精益管理的关键绩效指标

生产线的精益管理强调过程管理，强调好的过程才能保证好的结果。生产线的精益管理认为从6个管理对象出发，进行5个管理项目，在"3个层面7个维度"上来抓落地执行，这是在加强过程管理，这些过程管理有效性如何，还要从结果上来进行判定，生产线精益管理的关键绩效指标（Key Performance Indicator，KPI）就是帮助我们做判定的。生产线精益管理的KPI包含以下7个维度的主要内容。

1. 安全方面

安全永远排在生产线管理的第一位。"安全的作业是一切作业的入口，让我们首先好好通过这个入口"，这是担任过丰田公司社长的丰田英二说过的话，这说明了作为制造业生产线管理的翘楚和标杆的丰田公司对安全管理工作的重视。

在安全方面，生产线精益管理要同时抓安全和健康，对应的KPI是伤害件数和疾病件数。一般企业在进行生产线的安全管理时都是管理大、中、小类安全事故件数，没有落到安全管理的核心（即人）。而生产线的精益管理在安全管理上关注的是人，是生产线上的作业者有没有因为安全事故受到伤害，这才落到了安全管理的核心。

生产线的精益管理不仅关注作业者是否受到伤害，还关注作业者工作时是否按照要求穿戴了劳保工作服和安全防护器具，以及是否存在困难的或者容易发生疾病的作业内容和方式，从而减少和杜绝职业疾病的发生，对员工的安全和健康进行全方位的关心和管理。

2. 质量方面

基于为客户提供高质量产品的要求，在生产线的精益管理上要推行全面质量管理，生产线的质量管理指标主要有以下内容：

1）直通率。这是对生产线所有工序进行全面的不良品率管理，关键点是全工程、全工序的全面质量管理，是质量管理在生产线发挥全局作用的一个重要的管理指标。

2）后工程流出不合格品数量。这是一个将后工程当作客户的质量管理指标，立足于精益生产线质量管理的"三不"原则（不接受不良品、不生产不良品、不传出不良品）。不良品流到后工程是生产线质量管控失效的表现，会给后工程造成不必要的困难和麻烦。关注和管控该指标对加强生产线员工的质量意识、提升产品的质量水平非常有帮助。

3）市场投诉件数。这更是一个生产线质量管控的重要指标。在生产线作业时，员工要遵守工作标准，预防和杜绝产品质量问题发生。即使产生了不良品也应该进行区隔管理，不能流到后工程，更不应该流到客户处，不然会在市场和商誉上产生更大的影响和损失。市场投诉件数管理能帮助企业倾听客户的声音，关注客户对产品质量的要求，是严格管控产品制程质量的有效指标。

3. 生产方面

生产是生产线管理的重要方面，也是服务客户的核心内容，主要有以下几个指标：

1）准时交付率。生产线制造产品要按照客户订单要求的交货期，保质保量地准时生产出来，然后准时交付给客户。这个指标就是判定生产线是否能够达到以上标准或者已经达到什么水平的KPI，也是生产线在交付管理上的直接指标。

2）生产效率。这个指标是指在满足准时交付的前提下，生产线上使用的人、机、料、法、环、测等资源是否可以更加合理和高效地运转。一般采用人均小时别产量指标（当班生产量/当班作业人数/当班作业小时数）或者使用单台工时（当班出勤人数×当班作业小时数/当班生产量）来进行管理。

4. 成本方面

生产线的成本管理主要围绕着生产现场使用的辅助材料、副资材、能源费用、消耗性工具等成本费用的管理来进行，一般会将相关的成本分摊到单件产品上进行成本管控。

5. 设备方面

现在的生产线生产的产品功能、性能等各个方面种类和要求越来越多、越来越复杂，生产使用的设备也比较先进，设备的使用和管理水平是生产线准时交付的保障。设备方面管理的KPI是设备综合效率（Overall Equipment Effectiveness，OEE），计算公式为

$$OEE = 时间稼动率 \times 性能稼动率 \times 良品率$$

式中，时间稼动率体现的是有效工作时间内设备的实际生产情况；性能稼动率体现的是按照标准工时核算的理论生产量和实际生产量之间的关系；良品率体现的是生产线制造过程中合格品和总投入之间的关系。

以上指标维度的数据管理和分析可以帮助企业更加清晰、明确地识别出问题到底出在哪里，可以帮助企业采取更加有针对性的改善活动来提高设备使用的综合效率。

6. 环境方面

生产线的环境管理应该注重生产现场环境因素的识别。

1）要考虑正常、异常和紧急3种状态。

2）要考虑过去、现在和将来3个时态。

3）从水质污染、大气污染、土壤污染、恶臭污染、噪声和振动的影响、废弃物的管理、臭氧层的破坏、资源和能源的消耗8个方面进行识别和管理。

4）重点围绕废弃物的减少控制以及能源的使用优化等方面制定KPI，并在生产线上有效执行和管理。

7. 人事方面

生产线不仅是员工制造产品的地方，也是培养员工、提高员工能力和素质的地方。丰田公司在生产现场非常强调"造物先育人"的理念。怎样合理、高效地使用员工，提升他们的工作能力与意识，是生产线人事管理的重中之重，人事管理的KPI如下：

1）多能工率。一个员工在胜任本职岗位的工作后，要根据生产现场的工作需要，学习和掌握其他关联工作岗位的操作要求，直至成为一个掌握所有工作岗位的"全能工"。多能工率是生产线开展作业者技能培养计划和实施应用的指标，这个指标的管理可以将员工培养成有很高的工作觉悟、有全面的作业技能的可用之才。

2）改善提案件数和参与率。精益生产线管理强调员工之间的团队配合，合

作共赢，共同努力，打造一个健康、安全、明亮、有活力的职场。作业者除了在生产线上作业生产合格产品以外，还可以将自己在工作中遇到的困难和问题提出来，借助改善提案这种方式，寻求企业其他部门或者人员的支持和帮助，来推动问题的解决；也可以将自己在作业过程中摸索和总结出的经验、教训通过提案的方式呈现出来，提供给他人借鉴和应用，来共同提高工作效率。这方面管理的指标就是改善提案件数。生产线的精益管理也要关注每个作业者的改善意识和成长，要鼓励每个作业者积极地参与到改善提案活动中来，管理的指标就是改善提案参与率。

第 2 章
生产线人员的高效作业改善

2.1 作业中的典型浪费

丰田汽车公司从 1937 年成立到 1950 年只生产了 2685 辆轿车，而当时美国福特公司的鲁奇工厂一天就可以生产 7000 辆轿车。这么大的差距是怎样产生的呢？其中很重要的一个方面是与生产线作业者的作业方式有关。福特的工厂一天就可以生产出几千辆车是依靠亨利·福特开创的流水生产线这种当时非常先进和高效的生产作业方式实现的，由此可以看到高效的作业方式的重要性。

采用不同的作业方式，有效产出就会有所不同，同时成本也会发生变化，产品的竞争力随之产生差异。那么，作业方式应该如何区分？如何才能识别出这些差异呢？我们来看图 2-1 所示的作业内容区分。

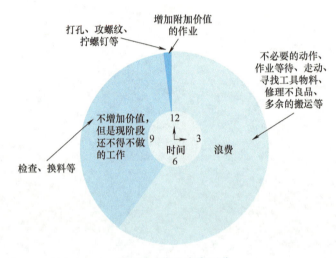

图 2-1　作业内容区分

生产现场作业者的作业内容可以分为以下 3 部分：

1. 增加附加价值的作业

对制造产品的物料进行物理或者化学性能改变加工的作业增加了附加价值，也使客户愿意付费购买产品。这部分作业在总作业量中占的比例越高，有效产出就越多，生产效率就越高。

2. 不增加价值，但是现阶段还不得不做的工作

比如检查产品、处理空箱、换产操作等作业，这些作业是不增值的，是浪费，但是需要在具备一定条件和资源的情况下才能消除浪费。

3. 浪费

浪费是作业中不增值的工作内容。典型的浪费有不必要的动作、作业等待、走动、寻找工具物料、修理不良品、多余的搬运等，都会影响有效产出，降低工作效率，增加产品成本，是我们进行生产线改善时需要马上改的地方。

2.2　机加工生产线的人员作业改善方法

生产线的生产方式中重要的一种是机加工生产。机加工生产典型的形态是投入原材料，通过机械设备的切、削、磨、钻等加工过程，生产出合格的完成品。对于机加工而言，生产线管理的重点是设备的加工能力，即是否有足够的设备和人员在特定的交付周期内生产出客户所需要的合格的产品数量，我们将这种生产线称作"机加工生产线"。机加工生产线的人员作业改善工作重点围绕人机配合的优化和标准化操作来进行。

2.2.1　如何进行生产线作业时间测量

要推行机加工生产线人机配合的高效组合，提升作业效率，推行作业的标准化管理，必须要从作业者的标准工时管理工作开始抓起。

什么是标准工时呢？标准工时的理论定义是在标准工作环境下，进行一道工序加工所需的作业时间。它由工艺过程决定，主要为直接增加产品价值的人工、机器时间消耗。标准工时管理需要对生产线的实际工作内容进行作业时间测量（测时），进行作业测时需要具备的前提条件包含以下几方面：

1）测时对象是具有熟练作业技能的作业者。
2）测时环境是在标准作业条件和环境下。
3）作业测时要求以正常的作业速度和标准的作业方式熟练作业。
4）作业测时要取得保质保量完成一定的工作内容所需要的作业时间。

生产线作业测时一般采用的方法是秒表测量法，分为直接秒表测量法和间接秒表测量法。作业时间测量工具如图2-2所示。

1）直接秒表测量法。这种方法虽然简单易操作，测量人员比较容易上手，但是测时工作量会较大。对现场作业者直接进行作业测时，人为因素影响比较大，特别是计件工资制度下，员工的标准工时和个人薪酬直接挂钩，所以测时的人为因素影响造成的数据偏差会更大一些。

2）间接秒表测量法。这是直接秒表测量法的一种变形，是采用数字化的工具、手段，将员工的作业情况采用视频的形式录下来，再依据录像内容进行工作步骤的划分，识别出各个作业要素工时，核定出标准工时数据的方法。这种方法比直接秒表测量法在工时核定的方式、方法与工作量上有所优化，但是没有从根本上解决人为因素造成的工时测量不准的问题。

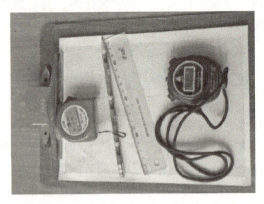

图 2-2　作业时间测量工具

1. 时间观测用表填写说明

在进行作业测时时要填写时间观测用表，来帮助我们进行数据的记录、归纳、总结和分析。时间观测用表见表 2-1。

表 2-1　时间观测用表

工序名称	OP10工序 1)			时间观测用表 2)										观测日期	2022-03-28	分解编号 1-1
														观测时间	9:00—10:30	观测者 张×
序号	作业项目	1	2	3	4	5	6	7	8	9	10	11	12	13	14	15	作业项目时间	备注
1	从毛坯筐里拿毛坯	0/10	59/—	58/12	3'2"/13	4'3"/12	5'3"/12	6'2"/15	7'3"/17	/18	/11	/22					5	
2	走到1号机台	10/12	1'10"/12	2'9"/14	/15	/14	/14	/14	跳过	/19	/20	/24					10	
3	放下毛坯到手持台	12/20	/20	/20	/25	/25	/23	/26	/26	/30	/33						2	
4	打开机台门取下成品	20/8	20/5	20/5	25/6	25/6	23/5	26/6	26/*	30/7	33/5						9	8微调为9
5	用气枪吹扫夹具	25/9	25/9	25/10	31/9	31/9	28/9	32/10	32/10	37/9	38/9						5	
6	装夹毛坯	34/4	34/4	35/3	40/3	40/3	37/4	42/2	42/2	46/4	47/3						9	
7	关机床门并启动电源	38/12	38/12	38/12	43/9	43/11	41/12	44/13	44/13	50/10'1"	/11'2"						3	
8	将成品送回完成品箱	50/4	50/4	50/4	52/5	54/4	53/4	53/4	57/8'2"	57/9'1"	/6						12	11微调为12
9	走回到毛坯筐前	54/4	54/5	54/5	57/4	58/4	57/4	57/4	8'2"/—	9'1"/—	/4						4	
10																		
11	3) 4)	5)			6)			7)		8)			9)			10)	11)
12																		
13																		
14																		
15																		
1个循环时间	—	61	59	63	61	65	59	64	61							59	

1）是进行现场测时的工序名称。

2）填写的是观测日期、观测时间、观测者，分解编号 1-1 代表一个工序全部测时数据均包含在这一个表单中。

3）填写该工序作业步骤顺序编号。

4）填写该工序的作业项目具体内容。

5）为表格虚线上方行，记录各个作业项目测时实际读表值。

6）为表格虚线下方行，是计算出的本项目作业时间结果填入的位置。

7）为"1个循环时间"记录栏，是计算出的各个作业循环时间结果填入的位置。

8）为时间观测过程中发生的各种异常情况跳过的标注方式。

9）是筛选确定为该作业项目时间标准值填入的位置。

10）是选定的标准作业循环时间结果填入的位置。

11）是对第9）项数据进行微调记录的位置。

2. 作业测时的注意事项

1）到生产线进行作业测时前，要联系生产现场的班组长和生产课长，避免直接与作业人员交涉，以免打扰他们的正常工作，影响生产安全、产品质量和生产效率。

2）注意作业测时要尊重作业人员，介绍自己和要做的事，进行记录时不要对作业者进行隐瞒，测时结束要对作业者表示感谢。

3）要牢记到生产线进行作业测时的目的是观察生产工序，了解产品的生产过程。任务是记录作业工序，关注工序作业的细节，测量实际作业用的工时，不要评判作业人员的操作，也不要评定他们的作业绩效，应该客观地进行实际观察和记录。

3. 作业测时需要注意的要点

1）测时要选熟练的作业人员为对象。

2）不能轻信过去的数据和记录，一定要实地进行作业测时并收集实际数据。

3）选择观测位置，站在可看到作业人员每个动作的合适观测位置，注意不能妨碍作业人员的正常作业。

4）在作业测时前要先仔细观察、分析作业人员的作业内容，将整体作业内容分解为一系列的工作步骤，确定最佳的作业步骤，并记录在作业项目栏中。

5）作业步骤是一位作业人员每次完成一个作业循环的一系列最小动作组合，要注意动作和步骤是不同的，动作是不完整的，步骤是由一系列无法分离的动作组成的。

6）确定工作步骤是创建一个合理高效的作业方式非常重要的环节。工作步骤划分合理有助于找出其中不合理的作业内容，把隐藏在作业过程中的浪费识别和区隔出来，然后通过作业改善设法予以消除。

7）作业步骤划分的越细，越有利于作业平衡，识别浪费并确定改善点。但这对测时人员的观测技能要求较高，故一般划分作业步骤的时间长度在2s以上，10s左右为佳。

8）确定观测起点。观测起点是该项作业结束的一瞬间进行秒表计数的时点，一般会选择作业者连续动作的转折点作为观测起点。

9）进行测时时注意力要高度集中。当发生各种影响观测和记录数据的情况时，要立即跳过这个作业项目，继续观测下一个作业项目时间。

10）要将作业人员手工作业时间和设备的自动加工时间分别进行测时和记录。

11）要分别观测数个作业循环发生一次的相关的附带作业时间、换夹具的时间。

12）因为记录的数据要不断地进行修正，现场作业测时做记录的时候要用铅笔，便于修改完善。

4. 作业测时和记录的方法

1）按作业步骤确定作业项目，并一一填入表2-1的"作业项目"栏中。

2）测时开始后中途不停表，将各作业项目结束时的秒数读出，填入"作业项目"栏右边的各个时间记录栏中。

3）读出的秒表时间都填在时间记录格虚线的上方。

4）第一个作业循环的第一个时间记录栏填写"0"。

5）观测并记录作业循环次数最少要在10个循环以上。

6）例外的作业内容、时间在发生时逐一记录在相应的时间记录格中。

5. 作业测时数据的整理方法

（1）求出每个作业循环时间

1）用最后一个作业循环里"作业项目"中最终的测时实际读表值减去前一个作业循环的相同位置实际读表值，以此类推，得出各个作业循环时间结果，填入表单最下方对应的"1个循环时间"的相应栏内。

2）第一个作业循环时间（Cycle Time, CT）记录栏内因没有数值，直接写入"—"。

（2）确定作业循环时间

1）剔除异常值后，选择所有作业循环时间中可以实现连续作业的最小数值填入"作业项目时间"栏的最下行。

2）如果每个作业循环时间里都有空手等待或异常时间，要将其减去后再确定CT值。

（3）计算各作业项目的时间

1）用作业时间记录栏中本项目栏虚线上行的实际读表值减去上一项目栏中虚线上行的实际读表值，将结果填入作业时间记录栏的虚线下行中。

2）第一个作业时间记录栏内因没有数值，直接写入"—"。

（4）确定各作业项目时间

1）在所有作业循环的作业项目时间中选择可以重复出现的最短时间，确定为该作业项目时间标准值，并填写在"作业项目时间"栏中。

2）作业项目时间的合计应与确定的 CT 值一致。不一致时，可以调整各个作业项目时间值，但不能调整 CT 值来取得一致。

（5）求出 CT 的平均值

剔除有异常值的作业循环时间，各组时间相加后取平均值，即为 CT 的平均值。

（6）求出 CT 的偏差值

从不含异常值的各组作业循环时间中选出一个最高值，然后减去 CT 平均值，即为作业偏差值。

（7）作业时间归纳处理

将观测的结果分成 5 个方面，进行作业时间归纳处理，以便后续分析使用。

1）循环时间（CT）。
2）附带作业时间。
3）换夹具时间。
4）作业偏差时间。
5）节拍时间（Takt Time，TT）。

2.2.2 如何确定标准工时

作业测时工作完成后，要输出测时的数据，对数据进行归纳、总结和分析，最终确定一个合理、准确的标准工时。精益改善的标准工时测定方法、手段和传统工业工程（Industrial Engineering，IE）的标准工时测时方法、手段基本上是一样的，它们的主要差别体现在生成标准工时数据方面的思路和具体的操作方法上。

传统 IE 的标准工时核定过程是按照作业测时时间+评比因素影响+各种宽放时间等步骤来完成的，传统的标准工时核定方法如图 2-3 所示。

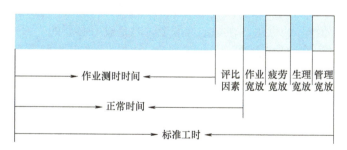

标准工时=(作业测时时间×评比系数)×(1+宽放系数)

图 2-3 传统的标准工时核定方法

下面本书一项一项地讲解，传统 IE 的标准工时核定的方法和手段与精益改善的做法到底有哪些不同。

1. 确定基准工时方面的不同

（1）传统 IE 的处理方式

对于 5~10 个作业循环测出的工时数据剔除异常值后进行算数平均，然后取平均值确定为工时基准数值。

（2）精益改善的处理方式

基于标准工时的制定目的（即进行标准化管理），在作业标准的制定上要求先进性和前瞻性，所以在剔除测出的 10 组以上作业循环中时间异常值后，选择每个作业循环中可以重复出现的最短的作业时间确定为基准工时数值，以便充分体现出核定工时的"先进性"和"标准"的管理作用。

2. 评比因素使用方面的不同

（1）传统 IE 的处理方式

考虑作业者操作的时间可能比标准时间快，也可能比标准时间慢，所以要用"评比方式"设置一个系数予以修正，调整动作快慢对标准时间的影响，实现唯一不快不慢的"正常时间"的一种调整方式。

其实，造成操作者作业时间差异的原因有很多，主要有以下几个方面：

1）操作者本身的灵巧程度影响。

2）因为熟练程度而产生的学习曲线影响。

3）机械设备、工具的完善度影响。

4）操作的复杂程度和困难度等影响。

这是一种以主观判断为主的评价和调整方法，目的是将实际的操作时间调整在平均工人的正常速度基准上。为了解决人判断的主观影响因素，产生了西屋法（平准化法）、速度评比法、客观评比法和合成评比法等进行相对定量分析的方法，来弥补人为判断造成的偏差。既然核定工时是在制定标准，这个方法又是用核定出来的数据与已有的标准去做对比，然后确定一个系数来调整实测值，是一种骑马找马的做法，在核定标准工时时是没有必要的。

（2）精益改善的处理方式

每个员工的作业能力是不一样的，各个岗位工作内容和作业条件也是不同的，作业的工时差异必然存在。在核定标准工时时就要选择熟练的作业者，按照高效和合理的作业方式进行作业，核定的标准工时和产能合理、准确。作业者不能达到标准工时的要求时不是在标准上做调整，而是通过现场班组长的作业指导和加强管理，缩短员工的学习曲线，提升作业的合理性和熟练度。同时，通过现场改善，使用工装、夹具等低成本自动化的一些方法来解决操作者作业困难、劳动负荷大等实际问题，基本上不采用"评比"这种调整标准的方式来解决问题。

3. 各种宽放时间应用方面的不同

传统 IE 对宽放的定义是：将作业疲劳、生理需求、外来事务的延迟、私事干扰等不可避免的因素加以一定系数的调整，酌情增加操作内外必要宽放时间，使标准时间制定相对合理化的一种操作手段。它具体包括生理宽放、疲劳宽放、作业宽放和管理宽放等。

（1）针对生理宽放，传统 IE 的处理方式

传统 IE 认为上厕所、擦汗、饮水等生理需要是必要的，基于人性化管理的理念，在标准上留出宽放时间，一般会在正常时间的基础上有 3%~5% 的宽放率。

（2）针对疲劳宽放，传统 IE 的处理方式

针对疲劳使作业时间延迟，以及为消除疲劳而需休息的问题，传统 IE 的处理方式是按照不同的作业特点，根据个人经验分别给出不同的宽放系数来解决作业疲劳造成的影响。

1）特种作业：30% 以上。
2）重作业：20%~30%（含）。
3）中作业：10%~20%（含）。
4）轻作业：5%~10%（含）。
5）特轻作业：0~5%（含）。

（3）针对生理、疲劳宽放，精益改善的处理方式

根据人体工程学研究的结论，作业者工作两小时后就会疲劳，生产效率就会降低，同时作业者上厕所、喝水等生理需求也会产生，在这种情况下作业者如果可以得到 10min 左右的休息时间，就可以解决生理需求和疲劳影响等问题，休息后进入下一个生产时段效率仍会保持一个相对高效的状态。随着规模化制造方式的普遍应用，对于各个岗位作业者之间的工作配合要求越来越高，随意进出工位对团队作业和提升效率会产生影响，所以精益管理对于作业者同时上岗、集中休息的要求是很明确的。针对生理需求和疲劳影响等情况，精益管理不是在工时上给宽放时间，而是在生产现场设立休息区，在出勤时间的设置和管理上保证每两小时间隔，安排员工统一在休息区域休息来解决这些问题。这样既解决了员工基本的生理需求，也处理了疲劳造成的生产效率降低问题，同时也保证了标准工时核定的合理性和高效性。

（4）针对作业宽放，传统 IE 的处理方式

准备作业之外，操作过程中发生的更换刀具、焊头，阶段性的换料箱、品质抽查等作业内容不可避免地会发生，针对这些情况发生的作业偏差单独给出作业宽放时间，一般会按 3%~5% 的宽放率调整到标准工时中处理。

（5）针对作业宽放，精益改善的处理方式

针对刀具、焊头等对产品质量和作业效率产生影响的作业因素，不能等到

出现断折等异常情况时才进行更换和修磨。因为这会产生不良品，不仅会造成损失，还可能会对设备和作业者造成额外的伤害，所以精益改善对刀具、焊头等的使用进行寿命管理。当加工或者焊接到标准的寿命次数时，就要主动停下来，更换刀具、焊头，这样就可以对一些异常不可控的情况逐步实现标准化管理。精益改善将这部分工作内容统一归类为附带作业。

（6）在作业过程中精益改善的处理方式

在作业过程中，对有规律性的作业内容进行品质抽查，将换料箱、刀具、焊头等附带作业内容单列出来，分别进行测时，然后将这些附带作业时间按照批量要求均摊到每个产品的生产 CT 中。这样既考虑了这些附带作业产生的影响，又合理地将这些影响转换成了标准，比对这些情况不予细化和区分，按照经验值设置一个百分比的宽放率来处理要科学得多，所以这才是比较合理、准确、高效的处理方式。

（7）针对管理宽放，传统 IE 的处理方式

在核定工时时，传统 IE 将班组开会、做 5S⊖清扫、可能出现的设备故障损失、停工待料损失等划分为管理宽放，一般也是按照 3%～5% 的宽放率进行处理的。在一些计件工资制的企业，有一些岗位不容易招到操作者，就用加管理宽放系数来调整工资，进而解决这类问题。

（8）针对管理宽放，精益改善的处理方式

精益改善不给出管理宽放时间。精益改善认为在生产过程中因为设备故障、品质问题、资材短缺、人员技能不足等异常情况会影响生产任务的准时达成，影响生产效率，这些异常在管理中被定义为"墨菲"。针对不规律发生的这些"墨菲"，在每个产品中都给出管理宽放时间显然是不合理，也是不现实的。针对这个问题，精益改善的解决方法如下：一是在出勤时间基准上想办法，规定每天两个班次的出勤时间间隔上要留出 2～4h 的缓冲，以便生产班组可以通过加班来弥补每班的各种异常"墨菲"造成的产量损失，保证每班生产任务都可以完成；二是加强现场的精益班组管理，依托快速地暴露问题和解决问题的机制来减少各种异常造成的损失，同时通过异常分析将根本问题暴露出来，以便后续从根本上进行改善，从根源上杜绝同样的问题再次发生。这种解决方式比起简单地采用主观方式增加管理宽放时间，更加有效，也更加合理。

综上所述，标准工时是进行生产组织和安排的时间管理基准，也是生产线作业人员进行管理作业改善需要的基础资料。按照传统 IE 的标准工时核定方法，将现场日常管理上的作业熟练度不够、各种异常损失时间、生理需求耽误

⊖ 5S 是整理（Seiri）、整顿（Seiton）、清扫（Seiso）、清洁（Seiketsu）和素养（Shitsuke）这 5 个词的缩写。

的时间和劳动过程中的疲劳造成的损失时间等都划入了管理标准中，这在加强生产现场管理上肯定是不明智的。我们还是要学习和应用精益的标准工时核定方法，对标准工时这个制造型企业管理的基本要素进行合理的核定和管理，为企业降本增效发挥作用。

2.2.3　如何核定生产线的加工能力

当我们按照精益管理的方式确定下来各个工序的标准工时后，就要开始核定生产线的加工能力是否能够满足客户准时交付的要求。按照什么标准来核定呢？这时就需要了解和管理以下几个时间指标：

1）节拍时间（Takt Time，TT）。它是精益管理和改善的核心指标，TT 的计算公式为

$$TT = \frac{每班有效工作时间}{每班客户需求数量}$$

式中，每班有效工作时间是指刨除了早晚班会、整理整顿时间、班间休息和午间吃饭时间后，每个班次中生产线真正用于制造的工作时间；每班客户需求数量是将客户年度需求换算到月、天，最终落实到生产线每个班次需要准时交付的产量。

2）循环时间（Cycle Time，CT）。它指的是作业人员一个人进行标准化操作时，毫不困难地、最快地完成一个工作循环的实际作业时间，这个时间可以包括作业者在生产线中的走动时间，但不能包括空手等待等浪费的时间。

3）过程循环时间（Process Cycle Time，PCT）。它是指一个熟练的作业人员按照合理的作业顺序，从头到尾加工生产出一个产品的全部工艺时间。

在了解这三个时间概念的基础上，再来了解如何核定生产线的加工能力。

1. 工序能力表填写说明

核定生产线的加工能力需要使用工序能力表，这个表可以帮我们测算各工序加工零部件时，各工序及整条生产线的生产能力，表单样式见表 2-2。

1）填写这条生产线生产的零件编号和零件名称、生产车间、生产线号以及填表人员的姓名。

2）填写生产该零件的加工工序的序号。

3）填写生产该零件的加工工序名称。

4）填写生产该零件的加工设备名称。

5）填写作业者在该工序的手工作业时间，注意不包括走动时间。

6）填写从设备启动开始，自动加工一个零件所用的时间。

7）填写每个工序生产一个零件合计的完成时间。

8）按照刀具寿命管理要求填写规定的交换一次刀具后的生产数量。

9）填写每次交换刀具所需要的最短时间。

10）填写每班标准工作时间内，每台设备能够加工的最大加工能力。

11）填写图示时间，表示手工作业时间、设备自动加工时间和完成时间之间的关系。

12）填写生产每个零件的手工作业时间的合计值，将来设计高效、合理的人机作业配合时需要使用。

表 2-2　工序能力表

工序能力表		零件编号 零件名称		MB60-7935 油底壳		生产线号		1#		制定	审核	确认
										部门		姓名
										一车间		张×
序号	工序名称	设备名称	时间			刀具		加工能力	备注	图示时间	手工作业 自动加工	
			手工作业	自动加工	完成时间	交换个数	交换时间	(79)				
1	OP10	NF-013	min	11.9s	4min	52s	303.9s	500	100s	90	11.9	292
2	OP20	NF-015	min	18.7s	5min	4s	322.7s	500	100s	85	18.7	304
3	OP30	NF-127	min	17.1s	4min	57s	314.1s	500	100s	87	17.1	297
4	OP40	NF-097	min	14.5s	5min	4s	318.5s	500	100s	86	14.5	304
5	OP50	NF-096	min	15.8s	5min	33s	348.8s	500	100s	79	15.8	333
	合计			78								

2）　3）　4）　5）　6）　7）　8）　9）　10）　11）
12）

2. 工序能力表使用说明

1）完成时间＝手工作业时间＋自动加工时间。

2）每班标准工作时间定义为 460min（480min 减去上下午各休息 10min）。

3）加工能力的计算公式：

$$加工能力 = \frac{每班标准工作时间}{完成时间 + 交换时间/交换个数}$$

4）"加工能力"栏中的小括号填入整条生产线中瓶颈工序的加工能力。

5）"合计"栏填入每个零件的手工作业时间，包含检查品质、换料箱等附带作业时间换算到 1 个零件的时间。

6）"备注"栏用线图记录手工作业时间、设备自动加工时间和完成时间之间的关系，不同的作业组合方式总的时间结果是不同的。样例如下：

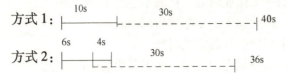

方式3：

7）判定整条生产线的生产能力（简称产能）能否满足客户需求。用瓶颈工序的加工能力与客户需求数量进行对比，如果满足要求，说明这条生产线的绝对产能可以保证客户交付要求；如果不能满足要求，就必须采取各种改善措施，确保绝对产能符合要求。解决产能不足的问题一般可以采用如下方法：

① 安排加班生产，延长生产时间来提高产量满足交付要求。

② 对瓶颈工序安排外协加工，弥补产能缺口。但是，外协会拉长生产周期，对将来更好的准时交付并满足客户会产生影响。

③ 增加新设备，提高生产能力，但是设备投资是重资产，需要慎重。

④ 对作业中的上下料等手工作业以及换刀具等工作内容进行改善，缩短这些工作内容占用的作业工时比例，提升产能，满足客户准时交付的要求。

⑤ 采用新工艺方法进行产品加工，比如采用新型刀具、调整加工速度或者改变加工路线和顺序等，从而缩短工时，增加产量，提升交付能力。

⑥ 进行工艺优化，将瓶颈工序的一部分加工内容调到非瓶颈工序加工，来缩短瓶颈工序的CT，提升产能，满足客户的需要。

工序能力表可以帮助企业把握各个工序的加工能力，同时可以帮助企业识别出瓶颈工序在哪里。通过对瓶颈工序交付能力的对比分析，可以判断整条生产线的绝对产能是否满足客户的准时交付要求，帮助我们制定改善规划，有针对性地解决产能缺口问题。

2.2.4 如何改善生产线的人机配合作业

生产线作业安定才能确保品质、成本和交期，安定生产的第一需要就是作业人员作业速度的稳定化，理想的作业状态是生产线上所有的人员按照相同的制造速度进行作业，生产出的产品按照"一个流"的原则进行流动，所以作业安定是关键要素。当我们通过工序能力表的应用解决了生产线的绝对产能问题之后，下一步工作就需要规划和设计人机高效、合理的作业配合，提高生产线的劳动效率的问题。

如何才能实现作业者的高效率制造呢？这就需要对生产线上的作业者进行标准作业的管理。标准作业是以人的动作为中心、按没有浪费的作业顺序进行生产的方法。它是管理生产现场的依据，也是改善生产现场的基础。

心理学家米哈伊·奇凯岑特米哈伊的研究结果显示，一件使人们感觉很好、非常有意义的事情包含以下要素：

1）一个非常明确的目标。

2）必须非常专注地做事且无暇分心的需要。

3）很少有干扰和分心的事情。
4）对达标进度明确而又及时的反馈。
5）挑战感——一个人的技能适于但也只是适于应付手头任务的那种感觉。

当人们能够置身于这些条件下工作时，他们就能忘却自我意识和时间观念。任务本身变成了目的而不是工具，成为比金钱和荣誉更让人感到满足的事情，形成非常心满意足的流动的心理状态。按照标准作业的要求进行作业时，就可以产生这种心理流动的条件，生产线里的每个作业人员马上可以知道工作是否做得准确，并且可以看到整个系统的工作状况，共同努力，一起保持系统流动的平顺性。在作业的过程中不受到干扰是非常困难的事情，也是一种经常性的挑战，所以需要团队合作精神和个人技能的提升，才能使作业人员精力集中、认真工作，保证整个系统处在一种持续有序的紧张状态。

在生产线推行标准作业管理还需要具备一些前提条件，具体包括以下方面：
（1）作业方面
1）以人的动作为中心。
2）有规律的往复作业。
（2）设备使用方面
1）设备故障要少。
2）设备加工作业的偏差小。
（3）品质管控方面
1）加工品质的问题少。
2）产品精度偏差小。

生产线内的作业者进行的作业内容可以分为两部分：一部分是有规律的作业，如机加工线、装配线作业人员按照工艺要求，遵守操作标准进行的有规律性的作业。另一部分是不连续的偶发性的作业，比如作业过程中寻找、搬运物料，处理各种异常等工作内容。要想提高生产线的作业效率，找出待改善的问题点，就需要把有规律的作业和没规律的作业进行分离，然后将有规律的作业进行标准化管理。

针对生产线有规律的作业内容进行标准化管理和改善的有效工具就是标准作业组合票。标准作业组合票根据各个工序时间测量出的手工作业时间及走动时间，用于规划在客户的 TT 内一个作业者能够负责的作业范围是怎样的。如果规划方案中的作业组合时间刚好等于 TT，意味着此方案将客户需要的交付速度和生产线作业者的作业速度匹配一致了，这是最佳的作业组合，也是最高效的作业组合方案，同时也是最理想的。如果规划方案中的作业组合时间小于 TT，就表示会产生生产过剩或者作业等待等现象，生产效率会降低，成本会上升，方案需要继续优化。如果规划方案中的作业组合时间大于 TT，就意味着按照这个作业组合方法工作将不能满足客户准时交付的要求,就需要对方案进行全面整改,必须要将 CT 降到 TT 范畴以内,此方案方可成立。

针对机加工制造行业来讲,制造资源中的设备也是核心资源,单纯规划设计生产线中的操作人员的作业组合还不够,还需要考虑人机作业之间的配合问题。在作业设计中,人机作业是可以分离还是不能分离,人机作业配合是否出现人等设备或者设备等人的情况,对生产线的生产效率都会产生一定的影响。将人机配合整体规划设计好需要应用的表单就是标准作业组合票,见表 2-3。

表 2-3 标准作业组合票

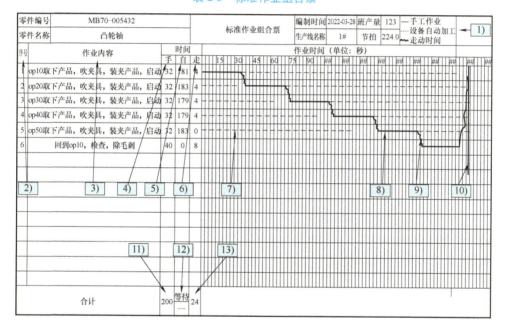

1. 标准作业组合票填写说明

1)表头部分填写的内容如下:

① 填写工序能力表中的零件编号、零件名称和生产线名称。

② 填写客户需求每班产量数据。

③ 填写计算出的 TT 数据。

④ 备注手工作业(实线)、设备自动加工(虚线)和走动时间(波折线)的表现方式。

2)填写设计方案中作业者的实际作业序号,此序号和工序能力表中的设备加工序号不一定相同。

3)按照设备配置顺序,填写各工序的作业内容,工序或设备编号要写清楚。

4) 填写工序能力表中的作业者的手工作业时间数据。

5) 填写工序能力表中的设备自动加工时间,如果没有则用"—"表示。

6) 填写为取放零件、产品或走向下工序而产生的走动时间。走动时间为 0 或没有时,该栏可以空着。

7) 画虚线,代表着设备自动加工时间,时长按照比例尺转化为虚线的长度。

8) 画实线,代表着作业者的手工作业时间,时长按照比例尺转化为实线的长度。

9) 画波折线,代表着作业者的走动时间,时长按照比例尺转化为波折线的长度。

10) 画节拍线,标志着设计一个高效的作业组合方案的目标线。

11) 填写各工作内容中手工作业时间的合计。

12) 填写空手等待时间,如果没有则用"—"表示。

13) 填写走动时间的合计。

2. 标准作业组合票使用说明

1) 确定班产量,计算公式为

$$班产量 = \frac{月度客户需求数量}{月度标准出勤天数 \times 每天班次数}$$

2) 以 TT 为基准,预估设计一个作业者的工作步骤和走动范围,将作业时间和走动时间累加在一起要尽量小于和贴近 TT。

3) 按照作业组合方案实际测量走动时间,然后选择最短的时间为走动时间。

4) 如果在走动过程中还进行手工作业,这个数字要加上小括号予以区分。

5) 将手工作业时间和走动时间分别进行合计时,注意小括号中的数据不要重复计算。

6) 在"作业内容"栏里将预估的作业方案中作业人员的手工作业的内容按照顺序填入。

7) 按照预估的作业方案将手工作业时间线、自动加工时间线按照比例尺换算后分别画在时间轴的表中。

8) 一般情况下作业顺序和工序顺序是一致的,但有时工序顺序和作业顺序也可能相反。

9) 进行工序联结时,如果产生走动,时长用波折线画在时间轴的表中。

10) 自动加工时间虚线碰上 TT 的目标线时,要回到 0 点继续画剩下的时间虚线。如果这条时间虚线与手工作业时间实线相重合,说明在 TT 内作业者到达设备前时,设备还在自动加工过程中,作业者就会产生等待的浪费,这时需要对预估的作业方案重新规划和调整。

11）完成了全部预估的作业内容后，要用虚线返回到最初作业循环开始的位置，表示回到作业循环的起点，结束本次作业循环工作内容。

12）检查预估的作业循环方案是否可行。

① 如果作业循环结束的时点和 TT 目标线正好相逢，说明该作业组合方案是高效和可行的。

② 如果作业循环结束的时点在 TT 目标线之前结束，说明安排的工作量少，会产生作业等待或者提前生产的问题。

③ 如果作业循环结束的时点在 TT 目标线之前不能结束，说明工作量多，在确定的工作循环时间内不能完成生产任务。

④ 出现后两种情况，都需要对作业组合方案进行重新设计和改进。

标准作业组合票最终完善确定后，生产线上这个作业者的循环作业方案就基本确定了。后面生产线的班组长要按照作业方案进行实际操作验证，如果班组长能够在 TT 内轻松完成工作，说明该人机配合的作业方案是实际可行的，就可以开始进行下一步的标准化工作了，也就是制定标准作业票。

2.2.5 生产线人员高效作业管理道具——标准作业票

标准作业票是生产线进行作业标准化管理的道具，是张贴或悬挂在生产现场的目视化管理的工具。通过生产线标准作业票的应用，可以让各级领导人员了解生产线的作业基准，然后通过现场观察生产线作业者的实际作业过程，可以检查和判定作业者的标准化操作执行状态，起到相应的检查、督促、整改的作用，并作为改善的工具、管理的工具、指导的手段。

标准作业票由现场的班组长制定和管理，上级管理人员能够通过标准作业票评价现场班组长的管理能力和工作状态。生产线经过班组长持续改善后要更新标准作业票，如果标准作业票长期张贴在现场没经过更新，上级管理人员就会知道这条生产线的班组长没有努力进行作业改善，然后督促生产线的班组长要注意加强改善工作，提高生产线的运营水平。

1. 制作标准作业票的注意事项

1）原则上生产线内的作业者一人一张，生产线整体需要一张。
2）原则上由现场生产线的班组长制定。
3）需要班组长仔细进行现场观察后认真制定。
4）制定后由生产线的班组长进行跟踪检查和更新。
5）应该张贴或悬挂在生产线前部显眼之处。

2. 标准作业票中包含的管理要素

1）TT。按照客户要货的速度，确定的生产线运行的基准。

2) 作业顺序。它是指作业者能够效率最好地生产合格品的生产操作顺序。好的作业顺序是作业者没有往返走动且走动距离最短的循环作业。

3) 标准中间在制品。它是指按照作业顺序进行操作时，能够保证作业的连贯性而在工序中放置的最少的中间在制品，也叫标准手持。标准中间在制品设定的原则如下：

① 作业顺序和工艺顺序一致时不用设置标准中间在制品，作业顺序和工艺顺序相逆时，每个工序设置一个标准中间在制品。

② 可以实现人机作业分离的自动化设备中设置一个标准中间在制品，不能实现人机作业分离的设备中不用设置标准中间在制品。

③ 生产线中有多人作业时，两个人交接的地方均要设置一个标准中间在制品。

4) 品质管控要点。品质检查的要素、频次等管理标识，用"◇"标识。

5) 安全管控要点。作业中安全注意事项和安全保护器具等管理的标识，用绿色"✚"标识。

3. 标准作业票的制作说明

标准作业票如图 2-4 所示。

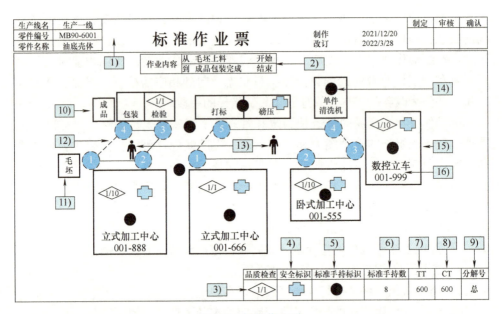

图 2-4　标准作业票

具体的填写方式如下：

1) 表头部分填写的内容如图 2-4 所示。

2）"作业内容"一栏中，上端填写标准作业组合票的最初开始的作业内容，下端填入标准作业组合票的最后的作业内容，表明标准作业票管理的作业范围。

3）填写品质检查的标识。其中，1/1 代表全数检查，1/5 代表 5 检 1。

4）填写安全管控的标识。

5）填写标准中间在制品的标识，用"●"标识。

6）填写标准作业方案中设置的标准中间在制品合计数量。

7）取标准作业组合票中的 TT 填写到这个位置。

8）填写 CT，按照作业顺序生产时的 1 个作业循环用的纯作业时间，是手工作业时间与走动时间的合计，不包括空手等待时间。CT 等于 TT 是最理想的状态。

9）填写分解号。如果是生产线整体标准作业票就写"总"；如果写 $n-1$，代表的就是这条生产线有 n 个作业者工作，这张标准作业票是第一个作业者的。

10）代表着这条生产线放置完成品的位置。此位置的完成品不算在标准中间在制品数中。

11）代表着这条生产线放置毛坯的位置。此位置的毛坯不算在标准中间在制品数中。

12）指示的是作业顺序。根据标准作业组合票，按照作业组合方案标注作业顺序号，用实线连接起来，最后的作业顺序号回到初始作业位置用虚线连接起来。

13）指示的是生产线中的作业者。

14）指示的是放置一个标准中间在制品的位置。

15）指示的是这条生产线中设置的各种设备的位置。

16）指示的是生产线中设备的编号和名称。

通过生产线的作业时间测量，按照精益的方式核定标准工时，然后应用"工序能力表"对生产线进行瓶颈识别，确保生产线的绝对产能可以满足客户交付的要求，再应用"标准作业组合票"按照 TT 的要求规划和设计高效的人机作业组合方案，最终形成"标准作业票"中 TT 与 CT 协同管理、标准的作业顺序管理、合理的标准中间在制品管理以及安全和品质管控要点的管理。至此，机加工生产线的人员作业改善方法全部讲解完成，可以使用相关的工具和方法有针对性地开始自己的生产线改善了。

2.3 装配线的人员作业改善方法

生产线的生产方式中另外一种重要的是装配生产。装配生产典型的形态是投入多种原材料，通过装配生产线上的多名作业者的互相配合操作，组装成一个完成品，我们将这种生产线称为"装配生产线"。装配生产线的作业人员改善工作重点围绕多人协同配合作业的综合效率最大化和标准化管理来进行。

2.3.1 "山积图"的应用方法

装配生产线的多人协同、高效率配合的作业方案应该如何规划和设计呢？这就需要应用到"山积图"这个工具。

1. 山积图的定义

山积图是将需要分析的循环往复式的装配生产线，每个工作步骤均进行作业要素的仔细拆分，然后将之按照 TT 重新规划，并用堆叠条形图的方式展现出来的一种目视化的管理工具。山积图包含一条装配生产线中有多少个作业人员，这些作业人员的作业内容有哪些，包含哪些作业要素，相应的 CT 有多长，是否能够满足 TT 的要求等管理信息。山积图是一个对生产线作业效率最大化进行分析和改善的利器。

2. 山积图的管理作用

1）装配生产线作业内容和要素规划。
2）装配生产线"线平衡"分析。
3）装配生产线作业改善。
4）装配生产线效率管理。
5）装配生产线标准化管理。

3. 确定装配生产线的作业人工数

在制作装配生产线的山积图时，首先需要确定应该安排多少个作业者，确定作业人工数的计算公式为

$$\text{纯作业人工数} = \frac{\text{PCT}}{\text{TT}}$$

计算出的纯作业人工数，需要保留小数点后一位，以便为将来通过改善减少人工数量做准备。

除了计算纯作业人工数，还需要对附带作业时间需要耗用的人工数进行测算。附带作业包括品质检查、更换物料箱、换刀具、换产等工作，在 2.2.1 "如何进行生产线作业时间测量"一节中的"5. 作业测时数据的整理方法"中专门介绍了对测时数据进行归纳和分类，总结出了各项附带作业单次时间数据。作业者在一个标准班次作业时间（460min）内发生的附带作业时间也要单独进行统计，然后转化为附带作业人工数。

品质检查时间=每标准班次检查次数×单次检查需要时间

更换物料箱时间=每标准班次物料箱处理次数×单次处理时间

换刀具时间=每标准班次换刀具次数×单次换刀具时间

换产时间=每标准班次换产次数×单次换产时间

$$附带作业人工数=\frac{标准班次附带作业总时间（品质检查时间+更换物料箱时间+换刀具时间+换产时间）}{标准班次作业时间}$$

计算出的附带作业人工数，也需要保留小数点后一位。

装配线的必要人工数=纯作业人工数+附带作业人工数

装配线的必要人工数是一个比较理想的状态，由于作业者操作中存在作业偏差和人员作业分配上很难实现绝对均衡，按照必要人工安排生产线的工作很可能在标准班次内完不成生产任务而需要加班，所以在标准班次之间需要留有2~4h 的缓冲来解决各种异常和损失造成的影响。

4. 山积图的应用讲解

山积图如图 2-5 所示。

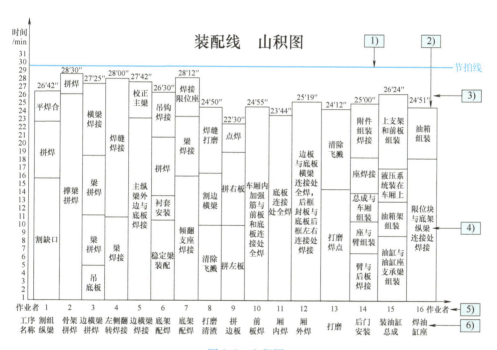

图 2-5　山积图

1）首先确定 TT 数据，并将 TT 用红色线作为目标线画在相应的时间线上。

2）将每个作业者的工作步骤按照 CT 成比例地画出对应的立柱。

3）在每个作业者的立柱上端标识出 CT，等待时间一定要剔除。

4）将作业者的工作步骤进行工作要素的细分，在每个作业者的工作步骤立柱上进行堆叠。一般细分的工作时长在 2~10s 比较合适，一方面不会时间太短，工作内容不容易细分；另一方面时间也不要太长，过长作业要素就划分得较粗，将来进行作业改善时就不容易进行拆分再组合。

5）此处的数据代表着作业者数目，一个立柱代表一个作业者。

6）填写的是各个作业者负责的工序名称。

制定山积图时要注意每个作业要素都要有明确目的，一定是有价值的作业内容，比如拧紧螺栓、装配产品等，如果是不增加价值但现阶段还不能取消的作业，例如走动拿取工具、搬取物料等，需要进行识别，后面考虑通过调整布局和优化位置等方法予以改善。

2.3.2 "线平衡"的管理

确定了装配生产线的作业人数，按照节拍划分了每个人的工作内容，因为工艺的特点，有些工作内容是不能分割的，所以每个人的CT不可能都和TT相同，总有一些作业者的CT和TT是有出入的，造成作业者之间的作业时间是不均衡的。对装配生产线的全部工序按照TT进行平均优化，均衡作业负荷，以使作业时间尽可能相近并接近TT，这种技术手段与方法就是装配生产线的"线平衡"管理。

1. "线平衡"管理的意义

1）提高装配生产线作业人员的整体工作效率。
2）减少单件产品的工时消耗，提高人均产量，降低成本。
3）减少工序间的在制品，真正实现"一个流"。
4）提高生产应变能力，对应市场变化实现柔性生产。
5）提高生产线全员的综合素质和技能。

2. "线平衡率"的计算

"线平衡"管理要进行定量分析才可以有针对性地进行改善，实现装配生产线效率的提升，这个定量分析指标就是"线平衡率"。"线平衡率"的计算公式为

$$线平衡率 = \frac{CT_1 + CT_2 + \cdots + CT_n}{TT \times n（人数）} \times 100\%$$

"线平衡"管理的及格线是85%，越接近100%意味着装配生产线中的作业者的工作量越平衡，整体的作业效率就越高。

3. 传统IE"线平衡"管理的不足

传统IE对"线平衡"的管理与精益的管理方式有所不同，传统IE"线平衡率"的计算公式为

$$传统IE"线平衡率" = \frac{CT_1 + CT_2 + \cdots + CT_n}{瓶颈CT \times n（人数）} \times 100\%$$

传统 IE 与精益的计算方式本质性的不同体现在分母的时间选择上。精益是用 TT 乘以装配生产线的作业人数，"线平衡率"的评价基准是 TT，这样的作业模式和客户需求直接挂钩，生产线的整体作业速度和 TT 相同，生产线整体效率实现最大化。而传统 IE 是用瓶颈 CT 乘以装配生产线的作业人数，平衡率的评价基准是瓶颈 CT，瓶颈 CT 有可能比 TT 长，也可能比 TT 短。当瓶颈 CT 比 TT 长时，不能满足客户准时交付的要求，即使按照此时的瓶颈 CT 进行工序平衡改进，整条装配生产线也不能达到客户准时交付的要求；当瓶颈 CT 比 TT 短时，已经容易产生过快生产或者等待的浪费，整体生产效率已经受到影响，此时再按照短的 CT 对装配生产线进行整体平衡处理，生产效率会受到更大的影响，得不偿失。

装配生产线的"线平衡率"管理帮助企业在规划设计阶段就可以实现定量性的管理，通过"线平衡率"的定量分析，可以帮助企业发现问题，有针对性地采取改善措施，进行改善和优化，提升装配生产线的综合效率。

2.3.3 "ECRS"的改善应用

针对"线平衡率"低于 85% 的方案，或者想将"线平衡率"提升得更好，就需要有针对性地采取改善措施进行改进。这个过程遵循取消（Eliminate）、合并（Combine）、重排（Rearrange）、简化（Simple）四个原则，简称"ECRS"改善。

1. 取消

进行"线平衡率"改进时首先考虑该项工作是否有价值，有无取消的可能性。如果该作业要素可以取消而又不影响装配生产线的正常作业，这便是最有效果的改善。例如，不必要的搬运、拿取、检验等，都应予以取消；如果现阶段不能全部取消，也可考虑分阶段分步骤地予以取消，只要改进就有进步，就是值得的。取消是改进的最高境界。

具体做法是对山积图内的每一项作业要素都要进行是否增值的判断，确认其保留的必要性，能够取消的均要想尽一切办法予以"取消"。

1）尽量取消或减少走动、搬运等无效作业。
2）取消所有多余的工作步骤或动作，包括身体、四肢、手和眼等无效动作。
3）检讨作业过程中的检验频次和内容，取消无效的品质检查作业。
4）增加作业的规范性，取消或者减少拿取工具等作业损失。
5）杜绝一切超负荷、不安全的作业隐患。

2. 合并

合并就是将两个或两个以上的作业要素合并在一起的改善。当工序之间的作业负荷不平衡，出现人浮于事和忙闲不均时，就需要对这些作业要素进行合并调整，以便平衡作业负荷。比如合并一些工序的操作，或将多人于不同地点从事的作业合并为由一个人或一台设备来完成。合并后可以有效地消除作业不均衡的现象，取得较大的改善成效。

具体做法是对山积图内的每一项作业要素进行是否可以合并的分析，考虑合并的可能性，在保证作业质量、提高效率的前提下予以合并改进。

1）把不连贯的多个小动作合并成为一个连续的作业要素。
2）把几种作业工具合并成为一种多功能的作业工具。
3）把几道分散的工序合并成为一道连贯的工序。
4）合并可能同时进行的多项作业。

3. 重排

经过取消、合并改进后，可根据"何人、何处、何时"三项分析提问原则对装配生产线的作业要素进行重排。通过改变以前的工作流程，按照 TT 对工作要素的先后顺序进行再组合，以达到平衡作业的改善目的。比如对作业前后工序的改变、生产现场机器设备位置的调整等，均是重整的改进方式。

具体做法是对山积图内的每一项作业要素进行分析，按照 TT 重新考虑作业顺序的必要性及可行性，有时仅仅通过重排就可以显著提高作业效率。

1）按照 TT 重新排列作业步骤前后顺序，使作业更加均衡。
2）重新调整作业要素，使每个作业者的工作量按照 TT 均衡。
3）进行工作场所布局调整，改变作业的顺序和方式，提高作业效率。

4. 简化

经过取消、合并、重排改进后的作业方案，还可以考虑是否有更好、更简单的作业方法，可以达到节省人力、缩短工时及提高效率的目的。比如优化设计、简化工艺、改进设备等，方便作业者操作，或者使用一些工装、夹具代替作业者繁重的操作，使用一些快检的量具，简化生产线中的品质检验作业等都是简化改进的方向。

具体做法是对山积图内的每一项作业要素进行分析，工艺、设备、品检、低成本自动化等方面进行改进，简化作业者的工作复杂性和劳动负荷。

1）简化产品设计，推行模块化和标准化，简化作业复杂性，方便作业者操作。
2）优化工艺，简化作业内容，方便作业者操作。
3）改进设备，简化操作，方便作业者使用。
4）使用快检的量具，简化作业者的品质检查操作。
5）应用低成本自动化的工装和夹具，降低劳动强度，简化作业。

ECRS 改进典型方式如图 2-6 所示。

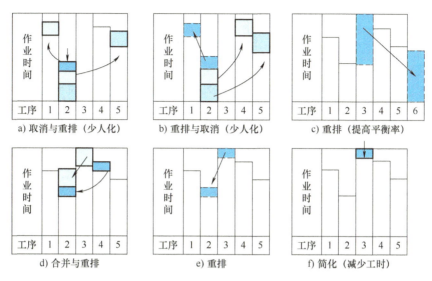

图 2-6　ECRS 改进典型方式

综上所述，ECRS 的改进可以应用于所有的装配生产线的作业改善，通过取消、合并、重排和简化四个原则的改善，就可以优化出更佳的作业流程和作业方法，取得更好的作业成效。

2.4　作业人员的多能工化改善

现在市场需求是不断变化的，客户的订单也会随时进行调整。怎样应对这些挑战呢？这就需要生产线的作业人员的作业范围和工作内容随着客户订单的增减可以实现灵活、自由的变化，这就要求生产线的作业者需要掌握更多的作业技能。把生产现场的作业人员训练成对所有工序的所有岗位都能熟练操作的人就是作业人员的多能工化改善。

2.4.1　作业人员多能工化改善的背景

当市场发生变化时，客户需求也会随着发生变化，相应的生产订单也会进行调整。制造型企业现在固有的大批量生产方式造成生产线的作业者的劳动分工很细，作业技能单一，作业内容固化，很难对客户需求的变化做出及时有效的工作调整。怎样应对这种挑战呢？这就需要生产线的作业人员掌握多种作业技能，实现多能工化，随着客户订单的变化，及时有效地调整作业范围和工作内容。

企业大规模制造模式很多使用专业化设备生产，造成作业者的劳动分工专业化、作业单一化、动作机械化，同时作业时长变短，作业频率加快，这种作业模式造成员工的劳动负荷加大，作业意识缺失，人成为设备的"奴隶"，工作的成就感丧失。同时，这种制造模式中作业者的个体意识加强，工作配合减少，团队意识薄弱，对生产线的管理造成很多困难。解决这些问题的手段也是从帮助员工掌握更多的作业技能方面入手。

2.4.2 作业人员多能工化改善的目标

在推行生产线作业人员的多能工改善时还需要制定改善目标，这个目标应该是定量的、有针对性的，要把这项改善工作做好，需要在多技能率和多能工率两个方面分别制定改善目标。

多技能率这个改善指标针对的是生产线中的每个作业者。他们要经过指导和训练，熟练掌握生产线中各个工序的作业技能，为将来灵活的工作调整和安排做准备。多技能率的计算公式为

$$多技能率 = \frac{作业人员掌握技能工序数}{生产线工序总数} \times 100\%$$

日本丰田公司的多技能率目标是作业者第一年要达到60%，第二年达到80%，第三年实现100%的全技能。在这个过程中，作业者不单单是通过劳动获得收入，更是通过学习和培训掌握更多的技能，工作的信心和成就感会大幅提升，精神风貌也会产生很大转变。

多能工率的目标是针对生产线全体作业者的技能管理的。生产线的班组长要针对每个作业者的具体情况和特点有针对地制订培训计划，指导和训练作业者学习，使之掌握更多的操作技能。多能工率的计算公式为

$$多能工率 = \frac{\sum_{i=1}^{N} 各作业人员掌握技能工序数}{线内作业工序总数 \times N}$$

式中，N为线内作业人员数。

当生产线的作业者都能掌握更加全面的作业技能时，班组长的现场管理难度会下降，处理各种困难和问题的能力会更强，遇到如生产线多人请假缺勤或客户要求马上调整生产任务时，就会准备充分，处置高效，非常从容。

2.4.3 作业人员多能工培养的方法

进行多能工培养时，要先对生产线中作业者的技能情况进行现状的确认，然后根据生产线的管理需要，参考作业者的具体情况和特点，制订有针对性的培训计划。多能工培养计划如图2-7所示。

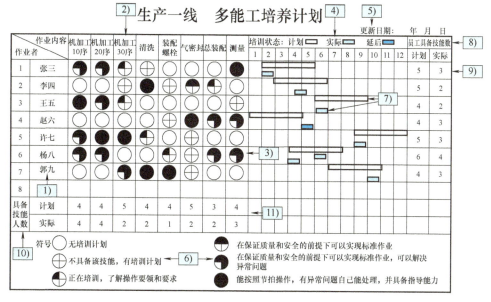

图 2-7 多能工培养计划

1. 多能工培养计划的填写说明

1) 此列填写生产线中所有作业者的姓名。
2) 此行填写生产线所有的作业工序。
3) 填写每位作业者全工序的作业技能状态。
4) 填写培训状态的各种标识：
① "▭" 代表计划进度条。
② "▬" 代表实际进度条。
③ "▬" 代表延后进度条。
5) 填写培训计划的管理更新日期。
6) 作业者技能培训的状态标识符号。

① "○" 代表无培训计划。
② "⊕" 代表不具备该技能，有培训计划。
③ "◓" 代表正在培训，了解操作要领和要求。
④ "◕" 代表在保证质量和安全的前提下可以实现标准作业。
⑤ "●" 代表在保证质量和安全的前提下可以实现标准作业，可以解决异常问题。

6) "●"代表能按照节拍操作,有异常问题自己能处理,并具备指导能力。

7) 填写培训计划和实际进展的进度条。
8) 员工具备技能数,即作业者的多技能管理。
9) 填写每个作业者计划掌握和实际掌握的技能数量。
10) 是具备技能人数,即生产线的多能工化管理。
11) 填写生产线每个工序需要熟练掌握相应作业技能的计划人数和实际人数。

2. 多能工培养计划的应用

1) 以可以按照 TT 作业并能够处理异常为技能要求基本状态。
2) 生产线各个工序必须保持 2 名及以上技能符合要求的作业者。
3) 作业者技能培训时遵循相临或相近工序的技能先期学习的原则。
4) 培训计划要参考各个工序的多技能人员情况有针对性地制订。
5) 要重视培训计划的认真执行。
6) 班组长每个月要定期更新本生产线的多能工培养计划。

3. 多能工培养的方法

(1) 生产线班组长的多技能培养

为了培养生产线的作业者成为多能工,生产现场的各级管理人员必须首先掌握多个作业技能,成为多能工的典范,所以生产现场全体班组长要在所属的各生产线采取轮流换岗作业的方式,熟悉和掌握各作业岗位的操作,实现多技能的提升。为了更加高效地实现培养效果,要对管理人员的岗位轮换制订有针对性的中长期实施计划来逐步推进和实施。

(2) 作业人员的多技能培养

作业人员的多技能培养主要采用在生产线内岗位轮换的方式进行的。为了实施作业人员在生产线内的岗位轮换操作,要针对生产线内作业人员的健康状况、技术水平、文化程度、年龄性别、实践经验等因素,有针对性地制订多能工培养计划,然后按照计划推行每个作业者的实际培养工作,以使生产线内的每个作业者都能按要求掌握本组所有的岗位作业技能。

(3) 每天数次的岗位轮换

随着生产线多能工率的提升,每周的工作岗位轮换或每天的工作岗位轮换就有可能进行。考虑生产线各作业岗位的操作内容、特征和疲劳等级,可以安排生产线全体作业人员每隔 2~4h 就有计划地在生产线内的各个作业岗位上进行作业轮换。这一方面可以使生产线内作业人员的工作负荷平均化,另一方面有助于作业者熟悉和掌握各个不同岗位的作业技能。

(4) 注意 TT 对每日岗位轮换次数比较大的影响

当 TT 较短时,作业人员的工作范围相对较小,就可以选择较短的轮换间隔时间。当 TT 较长时，作业人员的工作范围比较大，轮换间隔时间也就可以相应变长一些。这样对正常作业影响较小，而且对作业技能提升也有帮助。

实行岗位轮换制在提升作业技能的同时，还有以下好处：

1）调节作业人员的劳动强度，降低作业疲劳感，还预防工伤事故的发生。

2）消除了"越能干就越需要承担复杂繁重操作"的不公平感。定期轮换可以实现复杂作业的多人轮替作业，既消除作业中的不公平感，也有助于改善作业人员之间的人际关系，促进员工在作业中的互相协作。

3）因为每个作业人员在轮岗的过程中会接触到不同的岗位，所以员工的视野会开阔，考虑的事情会全面，从而对生产线的工作有更加强烈的责任感。

4）班组长等人员的技能水平还是很高的，工作经验也很丰富，他们通过岗位轮换可以将作业知识和技能更好地传授给年轻的作业人员和下属，对整个生产线的运营能力提升非常有帮助。

4. 多能工教导的基本方法

多能工在培训时需要进行大量训练，没有有效的针对性训练是无法取得好结果的。多能工教导方法一般按照以下阶段进行：

（1）指导前准备工作阶段

告诉作业者不要紧张，放松心情。告诉作业者今天将要学习哪种作业技能，询问作业者对这项工作的认知程度，引导他进入训练的位置。

（2）传授作业技能阶段

1）将主要的作业步骤一步一步地讲给作业者听、做给作业者看。

2）示范时要强调作业要点。

3）要清楚地、完整地、耐心地指导作业者。

4）指导过程中询问是否听懂了。

（3）作业者进行试操作阶段

1）作业者一边试着操作一边说出作业步骤。

2）作业者在试作过程中还要讲出相应的作业要点。

3）直到作业者确实掌握为止。

（4）检查验证阶段

1）作业者开始进行作业。

2）指定班组长不在时可以协助作业者的人员。

3）要经常检查和确认作业者的状态。

4）要鼓励作业者在操作的过程中有疑问提出来。

5）随着作业者熟练程度的提升，逐步减少观察的次数。

多能工化的程度高低将直接决定适应客户需求变化的能力，也会影响生产效率的高低。多能工的指导过程充分体现了"对人性的尊重"，以及团队意识的形成。为鼓励作业者掌握更多的技能，还可以将多能工化水平作为评定作业者技能高低的一项指标，与作业者的工资和福利挂起钩来。

2.4.4 员工技能培训道场和道具

1. 员工技能培训道场

"道场"就是通过各种具体活动来领悟"真谛"的场所，期间不管有任何挫折及失败都要坚持，必须要有成功的信念。日本丰田、韩国三星等世界著名的制造型企业对员工的多技能化都非常重视，为了系统、全面地提升作业者的技能，建立了专门的作业者技能训练场所，在日本、韩国将这样的场所称为员工技能培训道场，在中国这样的场所一般称为技能训练中心。

培训道场最初起源于日本丰田。丰田的培训道场是专门经过系统规划组织运营的。丰田的培训道场如图2-8所示。

图 2-8　丰田的培训道场

在企业逐步发展的过程中，丰田发现很多制造中暴露出来的问题都是由人员技能不足和作业不稳定等原因造成的。为了解决这个问题，丰田在工厂里根据自身的产品特点、工艺情况，有针对性地建立起冲压、焊接、涂装、装配、成型、检查作业、物流作业以及保全作业等专业化的培训场所，配备专门的指导人员——技能指导员，对工厂作业者进行全面、系统的技能训练和提升，取得了良好的效果。对于中国的制造业来说,遇到同样的问题时,可以学习和借鉴丰田的做法。

2. 员工技能培训道具

在员工技能培训道场,通过运用"现地、现物、现实"的"三现"主义,应用现场模拟、实操作业训练等方式,将作业者置身于模拟工厂环境中进行实战性训练,使作业者有更加现场的切身体会,减少正式上线作业的熟悉过程和适应时间。"道具"指演出或摄制影片时表演用的器物。员工技能培训道具就是在训练道场进行实操性质的作业模拟时需要配备的训练器物。员工技能培训道具可以将模拟作业更加贴近现场、贴近实战,在员工技能培训道场中配置相应的各种道具必不可少,一般配置的道具主要有以下几种:

(1) 产品和物料展示道具

在员工技能培训道场首先需要配置的就是有关生产线生产的产品方面的道具,主要围绕产品和物料展示两个方面进行。产品介绍包含外观、性能以及应用方面的介绍,制造工艺侧重于展示工艺特点,采用的道具一般是制造流程和实物照片互相对应的展板;物料展示道具采用的是实物道具,将构成此产品的各种物料一一予以展示,并标识清楚每种物料的名称和用量。产品和物料展示道具如图2-9所示。

a) 产品展示道具　　　　　　　　　b) 物料展示道具

图2-9　产品和物料展示道具

(2) 工具、刀具和检具等道具

在员工技能培训道场还需要配置生产线作业中需要使用的工具,比如扭力扳手、电动螺丝刀等装配使用的道具,均是准备的实物道具,供作业者在进行操作训练时使用。此外,还有刀具和检具等道具,均是作业者在技能训练的过程中,结合质量检验要求,立足于实战的应用道具,可以帮助作业者进行实物识别等训练应用。具体的道具如图2-10所示。

a）工具——扭力扳手　　　　b）刀具　　　　　　　c）检具

图 2-10　工具、刀具和检具

（3）作业模拟道具

在员工技能培训道场针对作业模拟也需要配置相应的道具，以便作业者在最接近实战的环境下进行作业训练，快速学习和适应生产现场的技能要求。一般，道具要根据企业的生产特点和工艺情况来设置，覆盖典型的工序及品检、切换等必要的管理功能作业内容。相关的道具设置可以参照图2-11进行。

a）焊接作业道具　　b）拧紧作业道具　　c）质量检验作业道具　　d）换刀具作业道具

图 2-11　作业模拟道具

（4）作业标准道具

在员工技能培训道场要训练作业者按照安全要点进行操作，按照品质控制要求实现各项作业，同时还要按照标准作业的要求实现节拍化生产，就需要针对作业者的作业标准化加强训练和指导，相应的训练道具也必不可少。这些道具主要包含两个方面的的内容。一方面是从作业的标准化操作步骤上确定基准，对作业的工艺基准要求进行明确，如果是组装作业，还要明确需要的物料的品种、规格和数量。同时，对于安全、质量方面的控制，要从"做什么""怎么做""什么时候做""谁来做"等方面进行详细说明和明确要求。另一方面是对于作业标准中不容易通过文字表达清楚的作业要点，要通过图文并茂的方式将"急所"（即关键点）展示和讲解清楚，这对作业者的技能训练非常有帮助。作业标准道具的具体样式可以参考图2-12。

作业要领书

文件编号:HA-2410××××						批准		审核		编制	
制造部	汽五车间		生产线名称		S3油底壳生产线			编制日期		2022年1月25日	
产品代号	1234567	产品名称	S3油底壳	工序号	55	工序名	钻铣加工	设备型号		380	
加工尺寸						序号	作业顺序	质量注意要点		安全环境要点	
18-ϕ7.1±0.1孔		通孔				1	首先对设备进行点检，发现异常，立即报告并记录。其次对工装夹具进行确认，发现异常及时反馈	必须吹净工件和工装定位面		必须穿戴齐全劳保用品	
5-M6螺栓孔面高度		53、44、36				2	设备停稳后取下工件，轻放在工位器具上	按规定频率定期测量尺寸		旋转设备不许戴手套	
5-M6螺栓底孔深度		18±0.3				3	吹净工件和工装的定位，装上工件，扳动开关将工件夹紧，关闭机床门	出现异常，停线呼叫班长分析原因		废弃物集中分类投放	
5-M6×1.0螺纹深度		14±0.3				4	启动机床，观察1~3s，确认加工正常后，步行到下工序	不良品由班长确认后，做标识并开具废品票		漏油设备及时报修	
						5					

序号	做什么		怎么做	什么时候		谁	使用刀具		工装夹具	修改日期	标记	修改内容及原因
	管理项目	管理标准	量检具（图号）	测量频次		测量人	型号	交换频次	图号			
				首件末件作业者	定期	巡检						
1	18-ϕ7.1孔径	7.1±0.1	通止规（GW6830）	√ 4h/次	√ 1h/次	√	[作业者]异常品（已偏离管理水平的工件）发生时					
2	18-ϕ7.1孔位置度	0.5	综合检具（GW6818）	√ 4h/次	√ 1h/次	√	[停线向班长、组长报告]					
3	5-M6螺纹深度	14±0.3	螺纹深度规（GW6830）	√ 4h/次	√ 1h/次	√	[监督者]得到报告的班长、组长		HA-2410××××			
4	5-M6底孔深度	18±0.5	底孔深度规（GW6831）	√ 4h/次	√ 1h/次	√	[质量异常处置要领]对异常品进行处置					
5	5-M6位置度	0.5	综合检具（GW6818）	√ 4h/次	√ 1h/次	√						

a) 作业要领书

b) 关键工序控制

图 2-12　作业标准道具

(5) 作业计时道具

员工技能培训道场还需要一类道具，即作业计时道具。在培训道场对作业者进行的技能训练主要围绕熟练作业、提升操作的熟练度和稳定性进行，训练过程中需要必要的计时道具来辅助。计时道具可以采用秒表这种手动记录的方式进行，由技能指导员进行操作，既简单又有效，一般在进行作业技能核定和考核时应用；也可以采用自动计时器来进行，当作业训练开始时按下"绿色"按钮，结束时按下"红色"按钮，就可以将一个作业循环的工时记录下来，这种方式主要应用在作业者进行自主练习时，而且自动计时器有时间记录功能，可以对作业者操作训练的各个循环时间进行统计，输出相应的"学习曲线"，以帮助技能指导员进行分析，更好地服务于技能提升训练。作业计时道具可参考图 2-13 来进行配置。

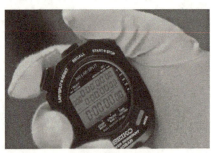 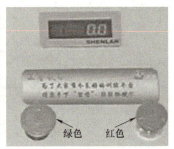

a) 秒表　　　　　　　　　　b) 自动计时器

图 2-13　作业计时道具

第 3 章
生产线的工艺改善

生产工艺是生产线的作业者利用生产工具和设备，对各种原材料、半成品进行加工处理，最终形成完成品的工作方法和技术。生产工艺的确定要进行必要的工艺装备准备工作，如对产品图纸进行工艺分析，编制工艺方案和工艺文件，进行工艺技术方案的经济性评价等。好的生产工艺要满足三个方面的要求：一是符合客户对产品的尺寸、性能、外观等方面的具体技术要求；二是要保证客户保质保量批量交付的要求；三是要实现低成本、高效率满足客户所有要求的目标。生产工艺是生产产品固有技术的核心，也是企业建立核心竞争力的主要源泉。生产工艺需要具备一定的相对稳定性，但也不是一成不变的，随着技术进步和生产装备的更新会不断改进提升。

3.1 生产线工艺改善的关注点

制造型企业的生产技术是由制造技术和管理技术构成的。制造技术即制造工艺技术，又称制造的固有技术，是生产产品使用的设备、工艺、技术、方法等的统称；管理技术即管理的联结技术，又称管理绩效技术，包含精益生产模式和卓越运营模式。制造型企业的生产技术构成如图 3-1 所示。

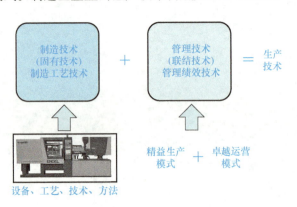

图 3-1　制造型企业的生产技术构成

图 3-1 中，制造的固有技术和管理的联结技术相当于制造型企业生产技术的"两条腿"，企业对制造的固有技术一般比较重视，愿意对新设备、新工艺进行投资和改造，"这条腿"前进的步伐比较大时，生产现场的效率提升和成本降低成效就会比较显著。制造的固有技术在进步的同时，管理的联结技术也必须要跟上，否则就像人的两条腿一样，单独向前迈动一条腿，身体是无法前进的，必须将管理的联结技术提升为关键的议事日程，"两条腿"交替向前迈步，企业才可以继续前进。

因此，生产线的工艺改善要更多地关注管理的联结技术的提升，这主要体现在精益的制造模式的转变和生产运营的卓越绩效管理上。精益的制造模式核心是按照TT实现生产制造的单件流，这种生产制造模式是生产周期最短、现场在制品数量最少、灵活性和柔性最强、生产效率最大化、成本最优化的一种高效的生产制造模式。要实现这种制造模式的转变，需要在制造的固有技术改进基础上用管理的联结技术来引领目标用具体的规划加以推动。生产运营的卓越绩效管理改进主要围绕产能的提升、优化和降低劳动强度、减少物料种类复杂性等方面进行。

精益生产模式是现阶段非常高效的生产模式，典型的代表是单件流。单件流和企业普遍采用的大规模制造模式的核心区别体现在生产批量和转运批量上。大批量生产模式和精益生产模式的区别可用图3-2来形象地说明。

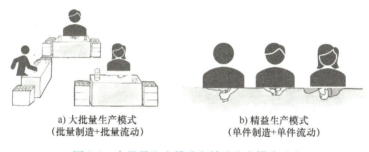

a) 大批量生产模式　　　　　b) 精益生产模式
（批量制造+批量流动）　　　（单件制造+单件流动）

图3-2　大批量生产模式和精益生产模式对比

从图3-2中我们可以清晰地看到两种生产模式的不同。大批量生产模式体现出以下特点：

1) 每个作业者的工作内容按照工艺流程进行了细化拆分，工作岗位都是单独分离设置的，作业者均是独立作业，互相之间缺少联系。

2) 每个作业者根据自己的操作习惯，会对工序进行工作步骤划分，为了实现局部作业效率的最大化，各个工作步骤之间按照一定的批量往复进行作业。

3) 各个工序前会堆积大量等待作业的物料，而工序后也会堆积大量加工完等待转序的物料，现场的在制品很多，占用的车间区域也比较大。

4) 因为各个工序之间有位置差，所以为了局部的搬运效率最大化，就会等待凑成一个较大的批量以后再进行搬运转序，造成搬运的浪费。

5) 因为进行批量作业，所以不良品不容易被发现，容易造成批量不良。

6) 因为进行批量搬运，所以容易造成磕碰、划伤等。

7) 在设备的选用上倾向于选用大型、高速、自动化的昂贵设备，投资较大，为了提高设备的利用率容易过量生产。

精益生产模式的特点与之不同，主要体现在三大方面：①作业方式、质量情况、生产周期方面；②转运方式、现场在制品数量、占地面积、生产效率、设备选型与应用等成本方面；③标准化管理、生产管理方式和异常管理等方面。具体的对比分析见表3-1。

表3-1 精益生产模式和大批量生产模式对比分析

区分		精益生产模式	大批量生产模式
作业方式		以单件制造方式进行的连续的团队配合作业	以批量制造方式进行的不连续的个人作业
质量情况		不容易产生磕碰、漏序等问题；不易发生批次不良；产生不良品马上就可以发现并进行隔离管理	容易产生磕碰、漏序等问题；容易发生批次不良；产生不良品不容易发现并进行隔离管理
生产周期		生产周期很短，不容易发生延迟交货现象	生产周期较长，容易发生延迟交货现象
成本	转运方式	小批量搬运，理想的转运批量是1个	大批量搬运，转运批量大
	现场在制品数量	现场在制品数量很少	现场在制品数量很多
	占地面积	较小	较大
	生产效率	生产线整体效率最大化，消除人工浪费	侧重个体效率最大化，存在大量人工浪费
	设备选型与应用	• 选用多台小型、灵活性高的设备 • 控制风险设备投资小 • 根据客户需求速度开动设备，不过量生产	• 趋向于购买大型、高速、自动化的昂贵设备 • 设备投资大、风险高 • 为了提高设备利用率，容易过量生产
标准化管理		程度高，管控有效	程度低，不容易管控
生产管理方式		按照团队进行管理，管控高效	管理每个个体，管理要求高，工作量大，管控困难
异常管理		快速地暴露问题、解决问题，防止再发	不易暴露问题，解决问题迟缓，问题重复发生

从表3-1可以看出，作业方式的工艺方案不同，对客户服务、成本控制、运营管理等方面的影响可能会有天壤之别，这就要求工艺人员在制定工艺时按照精益的模式确定作业方式，改变以前"作业者大批量地重复作业，生产效率才高"的错误认知，调整固有的、习惯性的工艺设计思路，向精益的单件流制造模式转变是生产线工艺改善的核心。

3.2 生产线工艺改善实现单件流

1. 生产线工艺改善实现单件流第一招——"集群式布局"向"工艺顺序布局"转变

工艺技术人员进行生产工艺设计时一般采用传统的"集群式布局"方式。这种工艺设计思路是走专业化管理的路子,将制造产品的车、铣、磨、装配等工艺按照工序将用到的设备、生产线和人员集中在一个个单独的区域进行统一配置,将来在组织实际生产任务时再分别开始独立作业。在一个个单独的作业区域内都是相同的工艺,作业人员操作着类似的设备,进行着类似的加工作业,作业技能要求比较接近,作业的熟练度提升会比较快,学习曲线较短;同时,作业者的标准化管理相对也容易一些;对于生产线、设备的维护保养工作也比较容易进行。所以,工艺技术人员一般都是采用这种方式设计生产线的工艺布局。

这种工艺布局方式虽然在工艺的专业化管理上有一些优点,但是人为地将加工产品的工艺路线分割成了一个个的断点,在各个断点之间就会出现在制品的堆积,产生了在制品就一定会占用生产现场的空间,就会产生搬运的浪费,就容易出现磕碰等不良现象。因为产生了这些浪费,在生产效率和生产成本上就一定会受到损失,所以需要对这种工艺设计思路进行调整,按照"工艺顺序布局"的思路进行转变。"集群式布局"向"工艺顺序布局"转变如图3-3所示。

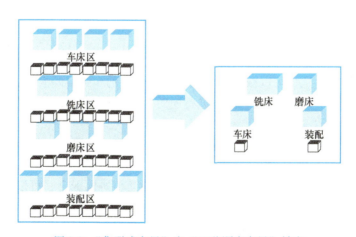

图3-3 "集群式布局"向"工艺顺序布局"转变

在图3-3中,工艺布局按照生产产品的工艺顺序将车床、铣床、磨床和装配单元组合在一起,设计了一条单件流动的生产线。按照这种布局方式,物料经过各道工序的加工过程可以很快生产出完成品，现场没有很多的在制品堆积，也不会产生搬运的浪费和磕碰等不良现象，生产效率和成本都会得到很大的提升和优化。这种工艺设计思路的转变核心在于要关注生产产品的物流效率最大化，不能为了"集群式布局"工艺设计思路中设备和人员的使用效率最大化而影响了产品加工过程中物料"流动"的效率，故生产线工艺改善最关键的第一招就是将"集群式布局"向单件制造、单件流动的"工艺顺序布局"转变，实施精益的生产模式一直推崇的单件流工艺方案。

2. 生产线工艺改善实现单件流第二招——"传送带式生产线"改为"U 形线"

工艺技术人员在设计工艺方案时比较喜欢将生产线用传送带联结起来。这种工艺设置方式也是进行改善的一个突破口。用传送带联结生产线的各个工序，本质上还是在做搬运，搬运是典型的七大浪费之一，而且传送带较长时，产品的移动距离也会相应延长，物料配送的距离也会拉大，占用的空间浪费也会增多，影响生产效率，造成成本损失。此外，TT 越短，用传送带做搬运造成的作业效率损失比例就越高。一般情况下，作业者从传送带上拿起物料最少需要 1s，而作业完成后将物料放回到传送带上还需要 1s，若 TT 是 10s 左右，在传送带上一拿一放物料之间就要有将近 20% 的损失，因此工艺技术人员设计生产线工艺时要尽量不使用传送带，将各个作业工序采用工作台的方式按照作业顺序直接联系起来，设计成"U 形线"，以解决搬运浪费问题，也可以减少作业者操作中拿取物料造成的损失，是工艺改善非常重要的第二招。"U 形线"的优点如下：

1）"U 形线"占用的区域较小，厂房利用效率可以有较大提升。

2）"U 形线"空间很紧凑，作业人员走动距离最小化，作业效率得到提升。

3）"U 形线"的设计可以按照客户的 TT 变化，灵活地安排作业人员，提高生产线的柔性。

4）"U 形线"设计作业的开始点与完成点的位置应尽可能地靠近，这叫"IO 一致"原则，这样可以减少因"返回"而造成的步行时间浪费。

5）"U 形线"应按照工艺流程进行逆时针的作业顺序设计，可提高生产流动性。

6）"U 形线"应安排作业人员负责首尾一起作业，可以加强生产线正常运行的判断和管控。

7）"U 形线"设计强调作业人员工作中的互相协同配合，可以提高团队作业的综合效率。

8）"U 形线"应设计成外部上料，内部取料，如此可以将作业人员和物流配送人员的工作路径进行内外分离，提升整体的物流工作效率。

9）"U 形线"在设计时要保证原材料的投入点与成品的产出点尽量贴近，以提升物料的配送效率。

传送带式生产线和"U形线"对比如图3-4所示。

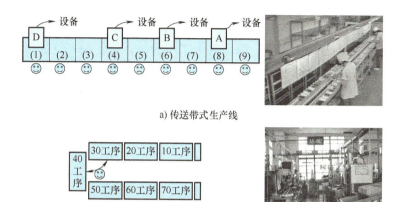

图 3-4 传送带式生产线和"U形线"对比

3. 生产线工艺改善实现单件流第三招——"整流化"改进

工艺技术人员在进行工艺方案设计时一般会关注加工方案的合理性和总体产能的匹配,所以设计出的工艺方案很多时候会是图3-5所示的传统的生产线配置。

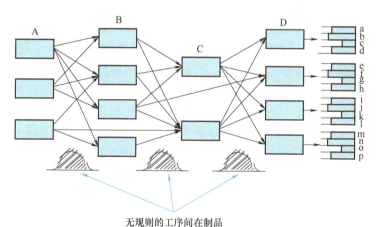

图 3-5 传统的生产线配置

这种形式的生产线配置按照工艺流程是可以制造出合格产品的,A、B、C、D四个工序的产能匹配总体上也是平衡的,但是在设计工艺方案配置总体产能时,因为设备的加工速度不同,在配置各个工序的设备台数时有所不同,A工序是3台设备,B工序是4台设备,C工序选用的设备加工速度很快,产能更高，只需要2台就可以匹配整体产能，D工序选用4台设备进行产能匹配。工艺方案设计成图3-5所示的形式时会因为各个工序单台设备之间加工速度快慢关系而在各个工序之间产生在制品的堆积，占用生产现场的空间，产生搬运的浪费，容易发生磕碰产生各种不良品。因为每个工序的每台设备都可以进行本工序的加工作业，各个工序之间设备的作业组合就会比较复杂，对生产现场的作业组织和安排产生一定的影响，所以工艺技术人员在设计工艺方案时需要注意规避这种设计思路和习惯。

那么，工艺生产线设计应该遵循什么样的原则来进行？如何做才是最合理高效的呢？精益的生产线配置如图3-6所示。

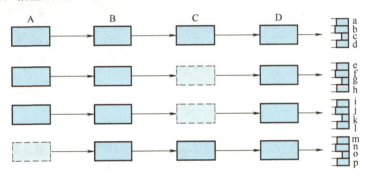

图3-6　精益的生产线配置

精益的生产线配置最关注的是作业物流的顺畅，这样在配置生产线时各个工序之间的作业速度是一致的，不会因为速度快慢造成工序之间在制品的堆积，不会在生产现场产生堆积占用空间，不会产生搬运浪费，也不会因磕碰等产生不良品。同时，因为各条生产线是作业均衡并各自成线的，所以在组织现场的生产作业时也比较简单和有效，减少了很多的变化和复杂性。工艺技术人员在设计生产线配置时针对各个工序的作业速度要进行平衡，各个工序不管是设备还是作业人员，工作时间要均衡安排，这样各个工序的加工能力才是均衡的，整个生产线的作业物流也才是顺畅的，也就是要对生产线工艺设计进行"整流化"优化，这样的工艺方案产生的结果才是精益的、高效的、最佳的。

4. 生产线工艺改善实现单件流第四招——作业顺序优化

工艺设计方案中还包含操作者作业顺序规划的内容。高效的作业顺序规划应该关注哪些因素以及如何才能实现也是工艺设计的重点改善内容。怎样才能称为一个高效合理的作业顺序？好和坏应该如何分析和判断？不好的作业顺序如图3-7所示。

在图3-7的工艺方案中，一个作业循环设计了员工的16个作业工序，其中在7、8工序之间的走动作业产生了"交叉"路线，在13~16工序之间产生了

"回流"的路线，其余的作业工序顺序都是比较顺畅的。这些"交叉"和"回流"的作业路线会延长走动距离，打乱工作节奏，都是不好的作业顺序在工艺方案中的具体表现。

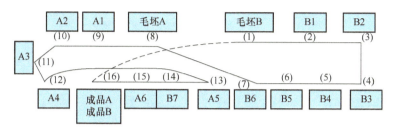

图 3-7　不好的作业顺序

那么，好的作业顺序应该是什么样的呢？图 3-8 可以清晰地体现出来。

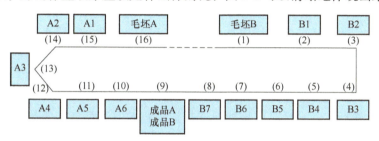

图 3-8　好的作业顺序

从图 3-8 中可以清楚地看到作业者的作业循环设计得非常顺畅，从第 1 个工序到第 16 个工序一气呵成，全程没有"交叉"和"回流"，作业者的整个操作过程非常合理和高效。那么，如何从不好的作业顺序转化为好的作业顺序呢？工艺设计关注点到底是什么呢？关键其实在于设备的布局顺序和工艺作业顺序之间的关系，当设备布局顺序和工艺作业顺序一致时，作业路线就不会产生"交叉"和"回流"的现象，而设备布局顺序和工艺作业顺序不一致时，就一定会产生作业路线的"交叉"和"回流"。因此，在进行工艺规划时一定要遵循设备布局顺序与工艺作业顺序一致的原则。

5. 生产线工艺改善实现单件流第五招——设备选型小型化、专业化

我国制造型企业中，特别是机械加工型的企业，属于重资产型制造类型。一般产品的加工工艺比较复杂，需要使用各种专业设备进行加工作业，这些专业化的设备一般采购周期会比较长，相应的设备投资也比较大，工艺技术人员在设备选型时会倾向于选用加工速度快、加工能力强的各种加工中心；在机械加工的生产过程中，除了车、铣、刨、磨等机械加工工艺，还会有清洗、磅压、打标等辅助工艺，这些工艺对应配套的专用设备一般耗用工时较短，生产工艺也比较简单，工艺技术人员在设计机械加工生产线、编制加工工艺时就会倾向于将这些先进的加工中心和一些不太重要的辅助设备进行多线共用。设备共用配置如图 3-9 所示。

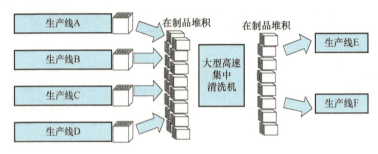

图 3-9　设备共用配置

从图 3-9 中可以看到工艺技术人员为了提高一些关键设备和辅助设备的利用率，会将它们放到多条生产线中共用，认为这样设备投资和使用效率可以最大化，但是这样的工艺方案在制造物流上会人为地产生在制品的大量堆积，占用生产现场的空间，产生搬运的浪费，还会因磕碰等产生不良品，整体的物流效率会急剧下降，这样的生产线设计得并不好。

那么，进行工艺设计时应该如何选择设备？如何进行产能匹配才是更加合理和高效的呢？方法就是在进行工艺规划时遵循设备小型化、专业化的原则，选择小型化、专业化的单件制造设备可以提高设备的应用灵活性，可以合理地控制设备的投资成本，可以将现场的在制品数量控制在最少的状态，可以优化生产现场空间利用效率，可以实现生产线整体的作业效率最大化。选用这类设备配置的工艺方案才能达到作业物流效率最大化的目的。这种转变可以参照图 3-10 所示的小型专业化设备配置来进行。

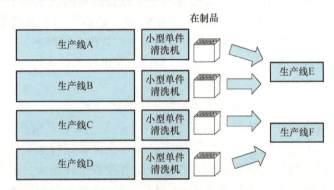

图 3-10　小型专业化设备配置

客户多需求、小批量、多变化的特点，使工艺技术人员在设计工艺、选定设备时需要关注选用设备的小型化、专业化和灵活性。图3-11所示为大型批量清洗机和小型单件清洗机的对比,供工艺技术人员进行设备选型时参考。

a) 大型批量清洗机　　　　　　　　b) 小型单件清洗机

图3-11　大型批量清洗机和小型单件清洗机的对比

生产线的工艺改善第一要务就是要围绕精益生产模式的单件流来进行,工艺技术人员需要理解和掌握以下几个关键招数,设计出的生产线可以更好地满足客户准时交付的要求,也可以实现低成本、高效率地生产制造出合格产品的目标。

1)生产线工艺改善实现单件流第一招:"集群式布局"向"工艺顺序布局"转变。

2)生产线工艺改善实现单件流第二招:"传送带式生产线"改为"U形线"。

3)生产线工艺改善实现单件流第三招:"整流化"改进。

4)生产线工艺改善实现单件流第四招:作业顺序优化。

5)生产线工艺改善实现单件流第五招:设备选型小型化、专业化。

3.3　生产线工艺改善实现产能提升

工艺技术人员在设计工艺时要想生产出符合要求的产品,除了考虑精益的单件流制造模式,还需要考虑怎样用最小的资源投入来获得最大的效益。特别是很多需要进行加工作业的制造企业,既要投入专业、昂贵的加工设备,还要安排相应的生产人员。而现在的生产人员成本高企,招聘和管理也很困难,这些情况对工艺技术人员如何选择适用的设备、如何高效地使用人员等方面提出了更高的要求。下面用一个实际的改善案例来做具体的讲解。

案例企业:汽配行业内某著名的为主机厂做机加工配套的制造型企业。

案例产品:与汽车动力总成配套的复杂产品,其结构示意如图3-12所示。

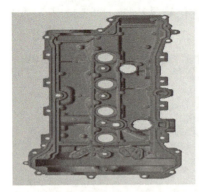 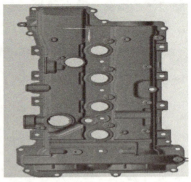

图 3-12　产品结构示意

该产品的工艺特点是：毛坯加工方面有多个螺栓过孔、销钉孔、火花塞孔、油封孔，以及多个深孔、小孔需要加工处理；需要对多个孔进行倒角、加工螺纹作业；另有锪平面、铣平台等多处加工要求，整体加工工艺非常复杂，精度要求较高。在对毛坯加工后，还要进行清洗、烘干、试漏、涂胶、组装、产品检测、外观检查和包装等作业，整个生产过程由前工序的机加工和后工序的组装作业构成。

客户需求：通过客户需求分析，测算出每班产品需求量为 610 件，TT = 8×60×60/610 ≈ 47（s）。

生产班次安排：每天 2 个班次，每个班次有效工作时间为 8h。

初期的工艺方案：按照专业化集群式布局的思路设计为机加工工序、集中清洗工序和装配后工序三个部分。

其中，机加工工序部分因为产品的结构非常复杂，几个毛坯面都有加工的要求，在进行工艺细分时既要考虑加工精度的要求，又要考虑不同作业面加工的需要，所以选用了加工精度比较高、自动化水平比较先进的加工中心式设备，同时配置专用的加工转台来解决产品的多角度加工要求。考虑设备投资和加工效率等综合因素，将整个加工过程划分为 3 个工序进行分序作业，相应的每个工序的 CT 分别为 300s、317s 和 310s，按照瓶颈管理的原则，这条机加工生产线的班产量=480×60/317≈91（台）。按照客户每班需求数量 610 台的要求，就需要 7 条配置相同的机加工生产线才能满足客户量产交付的要求。整体投资上需要 21 台加工中心式设备，同时匹配 21 个专用的转台，金额较高。同时，根据 7 条生产线的工艺设置，每条生产线均配备了 1 名作业人员，7 条生产线合计配置了 7 名作业人员。

集中清洗工序为了匹配 7 条生产线的产能采用了一台大型高速集中清洗、烘干一体机。设备进口和出口位置分别配置了 1 名作业人员进行上下产品的作业。

在装配后工序针对试漏、涂胶、组装、产品检测、外观检查和包装等作业设计专机和专用工位，组成1条专用装配线，从整体产能配置上需要2条这样的专用装配线才能满足要求，同时需要配置作业人员10名。

该产品工艺设计配置如图3-13所示。

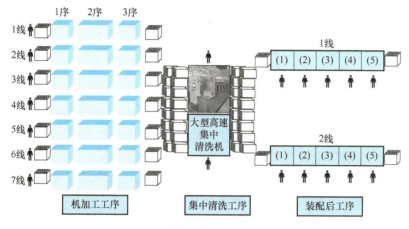

图3-13　工艺设计配置

按照这个工艺设计方案，整体产能能够满足客户交付的要求，但是7条机加工生产线匹配一台大型高速集中清洗机，在这两个工序之间会产生大量的在制品堆积。清洗机后面匹配的2条装配线也不是最理想的单件流生产模式，在这两个工序之间也必然会产生在制品，以上因素造成现场的在制品数量超千件，占用了生产现场大量的空间，产生了搬运浪费，也容易发生磕碰、划伤等各种质量问题。同时，这个方案中对于作业人员的安排基本上是专线、专工位的作业方式，对作业人员的使用也是比较固化的，作业效率比较低，所以这种工艺设计思路和具体方法、措施均需要认真进行检讨和分析。

首先来研究机加工工序工艺改善的侧重点。现在的工艺方案是按照3个工序进行的工艺拆分，因为需要对多个毛坯面进行加工，加工内容也很多，同时加工的孔、面也比较复杂，每个工序划分的加工内容较多，对设备和专用转台的要求较高，故选择高等性能加工中心。整体上，配置7条机加工生产线需要21台埃马克加工中心和21个专用的转台，整体投资较高。同时，7条机加工生产线匹配1台清洗机和2条装配线，在生产线整体匹配上也是一个比较复杂的组合，故在简化机加工生产线和清洗机、装配线的生产组合复杂度的同时提高设备投资效益是工艺改进的重点关注事项。

通过对产品机加工作业内容的多次检讨和分析，既考虑增加毛坯装夹次数的影响，也关注加工过程中毛坯装夹位置变化对加工时间和精度的影响，又制定了一版将整个加工过程拆分为 5 个工序进行的优化方案。这版工艺方案加工 CT 瓶颈时间从 317s 调整为 185s，每条线单班产能为 155 台，为满足客户每班需求量 610 台，设置 4 条线就可以了。因为将工序从 3 个增加为 5 个，所以每个工序需要加工的工作量下降很多，对应的多作业面加工的情况同时减少，对设备的加工能力和性能要求下降，就可以考虑使用功能相对简易的小型设备来替代大型设备，同时可以减少专用转台的使用。通过设备的优化选型，最终选用 2 台中等性能的加工中心式设备+3 台高等性能的加工中心式设备组成一条机加工生产线，同时用 4 条 5 个工序生产线替代了原 7 条 3 个工序生产线的工艺方案。

最终工艺方案改进为 4 条 5 个工序生产线使用 8 台中等性能的加工中心式设备+12 台高等性能的加工中心式设备，合计使用 20 台设备替代了原来 7 条 3 个工序生产线需要使用 21 台高等性能的加工中心式设备的工艺方案，同时减少了 9 台专用转台，在保证客户交付的精度和需求量的要求前提下设备整体投资节约了 20%。同时采用 2.2.4 节的方法对机加工工序的作业人员进行了标准作业的改进，将原工艺方案中需要 7 名作业人员工作的方案优化为只需要 4 名作业人员就可以完成任务，生产效率得到了较大提升。

其次来看看集中清洗工序工艺改善如何进行。以前的工艺方案采用的是高速度、大批量的集中清洗和烘干的专业设备，设备投资较大，和机加工工序的 7 条生产线进行能力匹配时，在两个工序之间会积压大批量的中间在制品，占用空间，容易磕碰，还造成搬运浪费，设备前后还需要 2 名作业人员进行上下产品的操作。借鉴生产线工艺改善实现单件流第五招——设备选型小型化、专业化，对清洗和烘干一体机进行了重新规划和设计，最终清洗烘干设备厂家根据产品清洗洁净度和烘干技术要求，规划并设计了专用的单件清洗烘干设备。4 台单件清洗烘干设备的采购价和原工艺方案的清洗烘干大型机基本持平，同时清洗烘干单件机可以和前工序的机加工生产线联结在一起，实现了一体化作业，将原工艺方案中的 2 名作业人员也节省了下来。

最后针对装配后工序的工艺方案进行了检讨，使用生产线工艺改善实现单件流第二招——"传送带式生产线"改为"U 形线"，对原工艺方案中的两条直线型的装配专线进行了"U 形线"的优化。然后将原材料进料口和完成品出料口进行了就近的对应设置，优化了作业人员的工作顺序，将作业人员的作业内容分配使用"山积图"进行了平衡优化再分配，将原装配线 5 个作业岗位 5 名作业人员优化为使用 2 名作业人员，减少了装配线的占地面积，优化了作业人员，生产效率得到提升，生产成本也进一步得到了优化。

同时，新的工艺方案将原来三大工序设备 7—1—2 的整体配置模式转变为了 4—2 的形式，现场的在制品数量大幅缩减，整体占用空间也得到了优化。该产品优化后的工艺设计配置如图 3-14 所示。

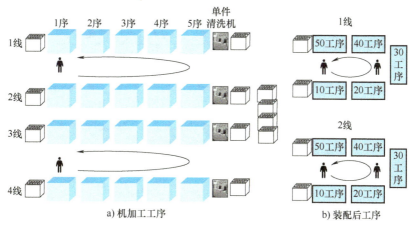

a) 机加工工序   b) 装配后工序

图 3-14　优化后的工艺设计配置

工艺设计作为制造的固有技术的基础，有了管理的联结技术的助力，优化后的工艺方案有了很大的不同。工艺优化前后效果对比非常显著，具体对比的内容和成效见表 3-2。

表 3-2　工艺优化前后效果对比

项目	原工艺方案			优化后的工艺方案			效果
	机加工工序	集中清洗工序	装配后工序	机加工工序	集中清洗工序	装配后工序	
生产线配置	每条生产线 3 个工序，共 7 条	大型高速集中清洗机	2 条传送带式装配线	每条生产线 5 个工序，共 4 条	单件随线清洗机	2 条"U 形线"	转变为相对精益的生产线
产能	630 台	大批量	630 台	620 台	620 台	620 台	客户需求 610 台
设备	21 台高等性能的加工中心式设备	1 台大专机	—	8 台中等性能的加工中心式设备+12 台高等性能的加工中心式设备	4 台单件清洗机	—	整体投资降低 20%
转台	21 个	—	—	12 个	—	—	
作业人员	7×1 名	2 名	5×2 名	4×1 名	0	2×2 名	整体减少 11 人
人均小时别产量	11.25	—	7.88	19.38	—	19.38	整体提升 134%

(续)

项目	原工艺方案			优化后的工艺方案			效果
	机加工工序	集中清洗工序	装配后工序	机加工工序	集中清洗工序	装配后工序	
平衡率	—	—	67.5%	—	—	95%	提升27.5%
在制品数量	1120台			290台			降低74%
占地面积	661m²			540m²			减少121m²

3.4 生产线工艺改善降低劳动强度

生产线工艺改善的另一个方向是围绕如何降低作业人员的劳动强度和劳动负荷来进行改进，这种改进一般采用"低成本自动化"的方式进行。"低成本自动化"简称"简易自动化"，是运用杠杆、曲轴、齿轮、凸轮、滑轮、斜面等结构，利用重力、弹力、浮力、人力等无动力以及电和气等有动力资源，充分发挥人的智慧，围绕消除浪费、提高生产效率、降低成本、降低劳动强度和负荷等方面设计的一些投资较少且维护方便的结构和装置，具体体现在工装、夹具、模具的设计、应用与提高上。传统自动化和低成本自动化之间的差异对比见表3-3。

表3-3 传统自动化和低成本自动化之间的差异对比

项目	传统自动化	低成本自动化
外形尺寸	宽大笨重	小巧灵活
结构	复杂	简单
动力规划	使用水电气，能耗高	尽量使用自然法则
灵活性	较差	很好
设计周期	较长	较短
维护保养	复杂，专业化	简单，方便
制作渠道	专业供应商	一般为内部团队
交付周期	较长	较短
制作成本	较高	较低

1. 工具改进降低员工劳动强度

社会发展最终是由生产力决定的，构成生产力的三要素是劳动者、劳动资料和劳动对象。三要素之一的劳动资料是指劳动者作用于劳动对象的物或物的综合体。生产工具的应用直接反映了人们改造自然的深度和广度，所以制造型企业生产力的提升离不开生产工具的改进和提高。制造型企业使用最多、最普遍的拧紧工具的进化过程如图3-15所示，这对于降低员工劳动强度起到了重要的作用。

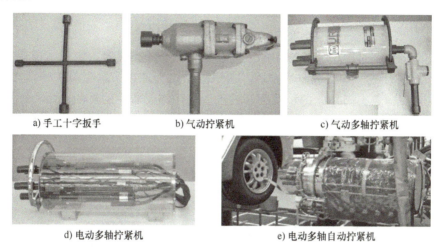

a) 手工十字扳手　　b) 气动拧紧机　　c) 气动多轴拧紧机

d) 电动多轴拧紧机　　e) 电动多轴自动拧紧机

图3-15　拧紧工具的进化过程

1) 最早的拧紧工具是手工十字扳手，应用了杠杆原理来帮助作业人员提高拧紧效率，同时十字的两个维度可以对不同粗细的螺栓进行拧紧，考虑到拧紧工具的多用性和适用性，拧紧工作的劳动强度还是很大的。

2) 后来，拧紧作业使用气动拧紧机，它的原理是使用空气压缩机驱动拧紧过程。员工的作业强度和负担降低为原来的1/10，生产效率得到了大幅提升。

3) 拧紧工具继续进化到了气动多轴拧紧机，可以对汽车轮胎上5个不同位置的螺栓同时进行拧紧，将以前的5次拧紧动作合并为1次拧紧到位，作业人员的劳动强度又有了大幅降低，同时拧紧作业的工作效率再次得到大幅提升。

4) 针对汽车轮胎的拧紧过程等有扭力和受力均衡的作业需求情况，拧紧工具继续进化到电动多轴拧紧机。电动多轴拧紧机的扭矩精度更高，具备扭矩超差报警功能，还可以进行作业追溯，比气动多轴拧紧机的稳定性更好，同时在拧紧作业过程中没有气动多轴拧紧机的巨大噪声，作业环境也得到了改善。这种工具既保证了拧紧过程中的扭力精度要求，又保证了拧紧过程中的受力均衡，还降低了专业现场的噪声，实现了作业质量、作业效率和工作环境的全方位改进和提升。

5)现在拧紧工具继续改进提升,出现了可以自动化作业的电动多轴拧紧工具。这种工具在确保电动多轴拧紧机的基本使用功能的前提下,使用自动化的定位装置,可以实现自动拧紧和作业完成后自动脱离的功能,实现了人机作业的分离,更好地实现了人性化作业管理的目标,作业效率再次得到提高。

从拧紧工具的进化过程中可以看到生产工具的选择和应用对提高生产力的巨大作用。工艺技术人员要有改善意识,在制定工艺、选择生产工具过程中,要注重改善员工的劳动强度,提高生产效率,提升生产现场的健康和安全管理等。

2. 降低员工劳动强度,提高作业精度的工装改善

工装即生产过程中需要使用的工艺装备,主要起到夹紧、定位、调整安装方向、控制力道、方便作业等作用,达到消除安全隐患、减少员工作业难度、降低劳动负荷、提高作业的精确度和速度、提升作业质量的目的,是一种用简单的工艺装备解决复杂工艺的方法。图 3-16 所示的工装应用可以很好地展示工装应用的成效。

图 3-16 工装应用

1)图 3-16a 是加工行业的案例,作业者在对物料进行打孔作业,用左手扶着物料实现定位和夹紧,用右手进行台钻的钻孔操作,操作比较困难。定位和夹紧作业凭经验、靠感觉,位置和精度很难保障,长时间操作作业负荷较重,非常容易疲劳,存在扎手等安全隐患。

使用工装后,变化如下:

① 使用工装进行定位装夹后,可以解决作业过程中扎手等安全隐患。

② 使用工装对物料基准面进行装夹和定位后，提升了物料定位的精度和稳定性，对提升产品质量很有帮助。

③ 解决了作业人员操作困难的问题，降低了作业者的劳动强度和负荷，同时提高了作业效率。

④ 释放了作业者的双手，再采用合适的自动化设备就有可能实现作业的人机分离，为将来推行作业者的多工序作业、更大限度地提升作业效率做好准备。

在加工作业过程中既消除了安全隐患，又降低了作业人员的劳动强度，生产效率也可以得到大幅提升，还可以提高制作过程中产品质量的稳定性和可靠性，工装的设计和应用发挥着不可替代的作用。

2）图3-16b是组装行业的案例，组装行业需要遵循工艺顺序将多种物料组装在一起，最终成为一个合格的产品。各种物料的放置、定位、组装过程，既要保证作业安全，又要管理装配公差，确保产品质量的稳定性和可靠性，还要关注作业人员的劳动负荷。另外，提升作业效率等也是装配工艺人员设计工艺、改善工艺重点关注的事项。图3-16b中，初始工艺设计是由作业人员用手将物料放置在一起，然后使用螺丝刀将各种物料拧紧，组装成产品，操作过程中有扎手等安全隐患；作业过程中定位靠作业人员的手感，容易产生组装间隙过大等不良现象；操作困难，拧紧吃力，作业人员非常容易疲劳，长时间作业对肩、肘、手腕和手指都容易造成劳动伤害，安全、产品质量控制、作业人员的劳动强度和生产效率方面均有很多的困难和问题。

使用工装后，变化如下：

① 消除了作业过程中容易发生的扎手等安全隐患。

② 对装配用的各种物料使用了容器进行区分和盛装，消除了混料的风险。

③ 物料的放置和定位有了可靠的保证，提高了组装作业的精度。

④ 解决了作业人员操作困难的问题，作业效率有了较大提升。

⑤ 降低了作业人员的劳动强度，预防对肩、肘、手腕和手指等造成各种劳动伤害。

通过以上内容可以看到，通过工装设计与应用这种低成本自动化的改善，可以实现作业过程中对物料的放置、夹紧、定位等，在消除安全隐患、提升作业精度、降低员工劳动强度、提升作业效率等方面发挥了不可替代的作用。

3.5　生产线工艺改善降低物料种类和复杂性

1. 生产线工艺改善降低物料种类和复杂性的方向

物料的种类和数量繁多，对生产现场的作业复杂性和难度有决定性的影响，而且对物料的采购、储存、搬运以及成本管理的影响也非常大,在工艺上改善、优化和控制物料的种类和复杂性有巨大的空间。通过工艺改善降低物料种类和复杂性重点围绕着制造过程中的模块化工艺设计这个方向来进行。

制造过程中的模块化工艺设计的意义在于针对不同的产品,按照功能和性能的要求将一个复杂的产品制造过程分解为一个个相对独立和简单的模块,以便将来在不同的产品制造过程中可以进行比较简单的复制与重用,减少制造过程中物料的种类和零件的数量对生产操作的影响,降低作业中的复杂性和难度。

2. 模块化工艺设计改进物料种类和复杂性案例

下面介绍一个模块化工艺设计改进物料种类和复杂性的应用案例。在这个案例中,一家砂芯铸造生产企业生产的产品是汽车配件用毛坯,生产工艺主要有以下几个方面:

1) 按照客户要求对产品进行分析,设计浇筑生产制造工艺方案。
2) 按照结构要求分别设计出流道、补砂和废气等各种铸造砂芯模具方案。
3) 按照模具设计方案自制或外包生产各种铸造砂芯模具。
4) 使用安装了铸造砂芯模具的冷模和热模设备分别生产模盒与流道、补砂、废气3种砂芯。
5) 按照工艺要求将模盒与流道、补砂、废气等3种砂芯组装成一套浇筑成型模具。
6) 按照客户产品材质要求对铝合金或者铸铁进行高温熔炼、液化。
7) 将高温液化的铝合金或者铸铁浇筑到成型模具中,制造客户要求的毛坯产品。

在这些工艺要求中,铸造砂芯模具的设计起着非常重要的作用,采用图3-17所示的工艺设计思路,将生产流道、补砂和废气砂芯的模具分别设计成一个个单独的模块,然后分别制造。因为这3种砂芯的大小不同,为了追求制造批量的规模化效应,将流道砂芯的模具设计为每套芯盒制造1个,废气砂芯每套芯盒生产2个,补砂砂芯体型最小,每个芯盒设计成生产3个。因为一个模盒与流道、补砂、废气3种砂芯各一个组成一套浇筑成型模具,所以流道、补砂和废气砂芯生产的最小公倍数就是 $1×2×3=6$。在组织生产时,需要6台设备生产流道砂芯,3台设备生产废气砂芯,2台设备生产补砂砂芯,一共11台设备同时生产才能将流道、补砂和废气等3种砂芯的生产配套到位。如果为了提升设备的投资和使用效率,不使用这么多台设备同时生产,又会产生比较多的模具切换的停产损失。因为需要多台设备按照公倍数才能配套到位,所以生产现场的在制品数量也非常多,相应的生产现场放置储存空间增大和搬运等浪费情况均会发生,还容易发生磕碰、划伤等产品质量问题,生产组织和现场管理都非常复杂和困难。同时,因为采用3种砂芯组合铸造的工艺,砂芯之间的间隙会增加毛刺量，所以后工序的打磨修理工作量也增加了很多。

一套芯盒制作3个补砂砂芯

一套芯盒制作2个废气砂芯

一套芯盒制作1个流道砂芯

3种砂芯设备产能匹配复杂生产组织困难

3种砂芯配套性差在制品库存很多

3种砂芯组合铸造，后工序打磨修理工作量很大

图 3-17　传统的铸造砂芯模具设计与应用

因为有模盒与流道、补砂、废气 3 种砂芯的成套性要求，原来的工艺设计思路分别设计模具进行制造和配套，为了追求规模化制造的效益，在成套使用砂芯时需要考虑生产批量和物料成套性组织的困难性和复杂性等问题。为了解决这些问题，需要改变工艺设计思路，在流道、补砂和废气等 3 种砂芯的成套性模块化工艺设计方面想办法。图 3-18 就是解决模具各个部位温度要求不同的工艺技术难题后采用模块化工艺设计改善的变化。

a) 成套性模具设计

b) 成套性模具生产

c) 即时成套物料管理

d) 3D打印整体一次成型工艺

e) 3D打印整体一次成型设备

f) 3D打印整体一次成型芯模

图 3-18　模块化工艺设计改善应用案例

采用模块化的流道、补砂和废气等3种砂芯一体化成套模具设计和生产的工艺，可以兼顾规模化制造的效益要求和3种砂芯的最小公倍数成套化管理的要求，降低生产计划制订和生产组织的复杂性和难度，实现每模出炉就实现3种砂芯成套的理想状态，大幅降低生产现场的在制品堆积问题，减少了生产空间的占用，解决了搬运浪费问题，还减少了因为大批量搬运造成的磕碰、划伤等产品质量问题，实现了通过工艺改进降低物料种类和复杂性的目标。

随着3D打印工艺技术的成熟和应用，可以对非常复杂的产品结构采用外观、结构一次性扫描成像。应用3D打印设备，不再需要设计和制造模具这个工艺过程，一次性制造出整体成型的砂芯模型。在兼顾规模化制造的效益要求和即时成套的最小在制品要求下，还可以融合和简化液化浇筑和后处理工序打磨等生产工艺，更好地满足客户多品种、小批量和短交货期的要求，工艺的改善和进化对提升制造型企业的交付能力具有广阔空间。

第 4 章
生产线的快速换产改善

4.1 为什么要做生产线的快速换产改善

随着产品功能和性能的复杂化,制造产品的生产设备的专业性和复杂性在发生变化,相应的设备投资也在加大,为了实现规模化制造的效益,生产制造型企业会考虑产品的制造工艺相似性后将一些多品种、小批量需求的产品进行混线生产,在这个过程中需要对设备上的模具、夹具、刀具、程序和物料等生产要素进行相应的装卸和调整,就会造成设备的停产损失。绝大多数制造型企业的换产停机时间是比较长的,一般需要1~4h才能完成换产转换,在某些企业一次换产损失时间可能会高达十几小时甚至几天。生产线的停机换产损失时间长会损失产能,影响产品的准时交付,还会影响生产效率,怎样解决这个问题呢?最初的解决办法是采用经济批量法(Economic Order Quantity, EOQ)来组织生产,经济批量法原理如图4-1所示。

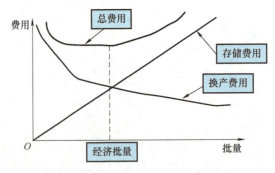

图4-1 经济批量法原理

停机换产会产生时间损失,造成停机损失费用;加大生产批量,减少换产次数,均摊到每个产品上的换产损失费用比例较小,却因此产生在制品的存储和管理费用。存储费用是一条从"原点"出发,按照一定斜率,批量越大费用越多的斜线;换产费用是一条批量越大费用越少的曲线。曲线和斜线交界的点就是兼顾了换产损失费用最小和在制品存储费用最低这两种综合要求的整体费用最小化时的生产批量,这个批量就是经济批量。经济批量法并没有从本质上减少换产的损失时间,而且加大生产批量,用减少换产次数来解决换产损失时间长的问题又产生了如下一些损失和影响:

1) 采用经济批量法组织生产使生产线生产周期变长,应对客户短交货期的能力下降。

2) 采用经济批量法组织生产使生产线应对客户多品种、小批量交付要求的能力下降。

3) 采用经济批量法组织生产容易过量生产,造成在制品库存增加。

4）在制品库存增加占用生产现场和仓库的空间，同时会产生相应的库存管理成本。

5）在制品库存会产生搬运等浪费作业，增加成本。

6）在制品搬运过程中容易发生磕碰、划伤等产品质量问题。

7）在制品库存还会占压企业的生产流动资金，影响资金使用效率。

经济批量法只是从减少换产次数来降低换产时间长造成的单位成本损失问题，并没有从根本上缩短换产时间。随着换产次数的减少，生产批量加大，现场在制品堆积，生产周期拉长，应对客户多品种、小批量需求的生产能力急剧下降。经济批量法对于提升企业生产制造能力的柔性是弊大于利的，制造型企业最终还是要回归到对生产线的换产工作进行快速换产改善上来。

4.2 生产线快速换产改善的目的和目标

对生产线的快速换产进行改善，一定要明确改进的目的，否则容易走错方向，同时还要明确目标，这样可以将快速换产的改善工作有效推动起来，最终实现理想的目标状态。

4.2.1 快速换产改善的目的

在生产现场进行快速换产改善的目的如下：

1）减少换产停机损失时间，提高生产效率。
2）增加设备产能，提高设备利用率。
3）减小生产批量，缩短生产周期。
4）减少生产现场的在制品数量，降低库存。
5）减少搬运、磕碰、划伤等浪费。
6）减少资金占压。
7）提升生产线的灵活性和柔性。

4.2.2 快速换产改善的目标

围绕快速换产改善的目的，要制定出快速换产改善的目标。20世纪50年代，日本以新乡重夫为代表的工程专家经过长期的实践探索，总结出了一套能有效缩短产品切换时间的理论和方法，帮助丰田汽车的大型模具切换从4h缩短到3min，这套快速换产的方法被命名为单分钟换产（Single Minute Exchange of Die，SMED），也就是换产时间要控制在几分钟，故快速换产改善的初期目标就是要在10min之内完成所有的换产工作。当然，10min的换产时间虽然较短，仍然是有停机损失的,故快速换产最终要追求的理想状态就是完全取消换产作业,实现换产损失时间"零"化。

1)快速换产改善的初期目标:换产损失时间控制在10min以内。
2)快速换产改善的理想状态:换产损失时间"零"化。

4.3　生产线快速换产改善的步骤和方法

换产作业是指生产线从上一个品种产品生产结束到下一个品种的第一个合格产品产出,并确认设备运行状态正常的作业过程,分为准备作业、更换作业和调整作业等3项工作,其中包括换产准备工作、加工程序更换、检具更换、刀具更换、工装夹具更换、模具更换、产品首件确认等工作内容。尽管换产时间属于没有价值产出的浪费时间,但对于多品种混线生产的情况,换产作业无法根本性消除,需要通过改善尽可能缩短换产时间。要想更好地进行生产线快速换产改善工作,首先要对快速换产的一些基本概念予以了解。

4.3.1　快速换产的几个基本概念

快速换产作业从步骤上可以分为准备作业、更换作业和调整作业三部分,从功能上可以分为内换产作业和外换产作业。

1)更换作业是指拆卸、安装夹具、模具,更换刀具等操作。
2)调整作业是指调整和确定夹具、模具及物料放置位置,进行验证、加工、检验、测定、修正等操作。
3)准备作业是指除更换和调整以外的其他换产作业内容。
4)内换产作业是指那些只能在设备停机时才能进行的换产作业,如卸装、调整夹具、模具,更换刀具等操作。
5)外换产作业是指那些不用停机就可以进行的换产作业,如夹具、模具、工具、刀具、材料的提前准备工作等。

4.3.2　快速换产"六步法"

当对换产的工作步骤予以区分后,就可以从内换产、外换产的功能性划分上想办法来进行生产线快速换产的改善工作了。通过长久、多次的换产改善实践,我们已经摸索和整理出快速换产改善典型的"六步法",下面针对快速换产"六步法"的应用进行详细、具体的讲解。

1. 对换产工作进行实际测时,将换产作业过程区分为内换产、外换产两种情况

这个步骤要对换产的工作步骤进行确认和整理,对实际的每个换产工作步骤进行工作测时，得到每个换产工作步骤的实际作业时间，然后对每个换产工作步骤按照内换产、外换产工作的划分基准进行区分和识别，同时对外换产的工作内容进行改善机会的识别和判定，提出相应的改善建议，并初步评估改进后预计可能实现的成效。快速换产分析表见表4-1。

表4-1 快速换产分析表

机器/设备：120吨冲床		切换从：A产品			日期：2022年7月5日		工作表：1/1	
流程名称：更换作业		切换到：B产品			观察者：李四		改善建议	
序号	作业描述	记录时间	使用时间/s	内部	外部	注释	新内部时间/s	新外部时间/s
1	推车H到压床的右侧	54″	54		√	外部化		54
2	卸下模具放到推车H上	1′30″	36	√		使用提升辅助装置	21	
3	清洁模具	2′28″	58		√	外部化——下一循环开始后做		58
4	移开材料包装	3′59″	91		√	外部化——在上一循环期间做		91
5	装入第一件	4′48″	49	√		装入简单化改善	10	
6	运行第一件	5′03″	15	√				
7	微调右侧高度	6′14″	71	√		需永久设置	12	
8	降低模具高度	7′09″	55	√		改善微调	20	
9	微调模具左侧高度	7′48″	39	√		改善微调	20	
10	降低模具高度	8′17″	29	√		改善调整	16	
11	旋紧两侧螺丝	8′41″	24	√		改变紧固方式	10	
12	下一循环开始	9′29″	48	√				
	合计		569				109	203

2. 将内外换产作业内容分开，提前做好外换产工作内容，缩短换产时间

从表4-1中可以看出外换产的工作内容主要集中于准备作业，很多时候是作业者在停机换产时才开始寻找运输车辆，去仓库取待更换的模具、夹具，然后再寻找安装、拆卸需要的相关工具，或者才开始进行模具预热等相关的准备工作。换产工作完成后，作业者开始清理现场，送回工具，将换下的模具、夹具等送回仓库，然后才回到生产岗位开始工作，这些都是在停机状态下进行的。这样停机的时间就会很长，产能和效率的损失较大。为了减少这部分工作的损失，需要对换产作业有统一的组织和安排，在停机之前就要组织相关的人力提前准备好车辆，该需要预热的就要有计划性地提前进行准备，然后将换产需要的工具等准备到位，停机换产工作完成后作业者马上开始进行生产作业，其他的人员再进行现场后续的整理和清洁作业。这样有组织、有计划地提前做好外换产的相关准备工作，可以缩短换产时间，减少换产损失，改善示意如图 4-2 所示。

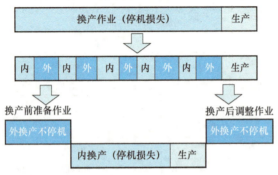

图 4-2　内外换产分离改善示意

3. 将部分内换产作业转化为外换产作业，继续缩短换产时间

一般采用将内换产、外换产作业内容分开，提前做好外换产工作内容，可以大幅缩短换产时间，降低换产损失。当这部分改善工作初步完成后，下一步的改进方向就是考虑将一部分必须停机才能进行的操作（如拆卸、安装、调整夹具和模具，更换刀具等）想办法改善到外换产中进行，这样就可以针对这部分内换产工作在不停机的前提下提前做好相应的准备工作，以便减少停机换产的损失时间，继续缩短换产的整体时间。

图 4-3 中，改善前模具的 4 个部分要在停机后分别进行拆卸、安装和调整作业，耗时长，设备停机损失大；改善后可以将模具的 4 个部分在停机前组合好，等停机后将安装、调试好的一体化模具整体进行下模和上模作业，使以前需要停机后分别对 4 个部分分别上下模的时间大幅缩短，同时还消除了上模后的多次调整等作业，可以将整体换模时间再次予以缩短和改善优化。

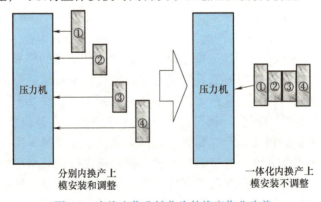

图 4-3　内换产作业转化为外换产作业改善

4. 针对内换产作业内容进行改善，接着缩短换产时间

当内换产转换到外换产缩短换产时间的改善机会用尽后，继续缩短换产时间的改善就需要从缩短内换产的停机损失时间上来想办法了。内换产的工作主要是对夹具、模具和刀具等进行拆装和安装后调整等，缩短内换产的停机损失时间主要针对这些方面的工作来进行改善。

1) 调换的工作内容主要是将使用完的模具、夹具、工装、刀具等从设备上拆卸下来，然后将新的模具、夹具、工装、刀具等安装到设备上去，这个过程中最主要、最耗时的工作就是拆卸和安装各种联结用的螺栓、螺母。针对螺栓、螺母拧紧时间长、工作负荷重的情况，可以采用以下手段消除螺栓、螺母紧固或者减少紧固作业内容和程度，以便减少操作时间，缩短停机时间，减少停机损失：

① 采用U形垫圈、压杆、插销、蝴蝶扳手、卡式插座、凸轮轴式锁紧、葫芦孔等方式可以减少切换作业过程中螺栓、螺母的紧固时间并减少工作负荷。

② 在进行拧紧和拆卸的过程中还可以对拧紧工具进行改进，比如采用以电动、气动或者液压为动力的拧紧工具进行安装和拆卸作业，都可以降低劳动强度，缩短作业时间，改善的效果都不错。

拧紧改善方面具体的方式和方法可以参考图4-4所示的简单高效的拧紧方式进行改善。

图4-4 简单高效的拧紧方式

2) 缩短内换产时间的改善还可以从减少换产过程中的走动和上下模具的专用台车上想办法。在进行内换产作业时将必须使用的工具、检具、夹具、模具等相关器材及作业标准文件等都按照作业顺序的安排整齐地摆放在专用台车上，以减少换产作业的过程中因为寻找或拿错东西造成的时间损失，方便换产作业者的作业，同时尽量应用双手动作来完成换产作业，减少双脚移动造成的动作浪费。在上下工装、模具的时候使用专用的运输台车，可以采用在辊道上滚动的方式实现整体的上下切换作业，操作简单方便，劳动负荷较低，停机作业时间也较短，具体的改善样式参考图4-5进行。

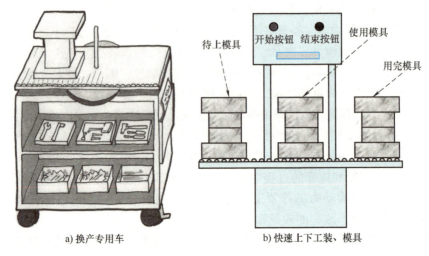

a) 换产专用车　　　　　　　　b) 快速上下工装、模具

图4-5　快速更换工装、模具

3）缩短内换产时间还需要改进切换后多次调整才能生产出合格的产品，最终完成产品切换的问题。一般情况下，调整和试运行占用的时间也会达到切换总时间的一半以上，损失和影响也非常大。生产现场在进行调试改善时需要从根本上分析为什么调整后需要调试，什么状况下需要进行调试，只有找到这些问题的根源，才能有针对性地进行改进，优化和解决调试造成的停机损失问题。一般情况下，调整后需要进行调试的根源问题有以下几个方面：

① 模具、夹具、工装的标准化程度较差，造成安装后需要调试。

② 没有对安装位置和高度制定基准，每次切换凭经验进行操作，然后进行调试。

③ 不同产品切换时的调整位置没有制定基准并目视化，需要频繁进行调试。

④ 设备定位精度不足，物料的公差控制等问题造成的调试工作等。

对于以上这些问题，需要有针对性地进行改善：

① 对模具、夹具、工装的高度等尺寸进行标准化设计和改善。改善方法参考图4-6进行。

② 针对安装位置和高低没有基准的情况，需要在设备的中心位置、连接部位的高度等部位制定明确的基准，后面利用中心定位销、压块、定位块等手段对安装进行定位。改善方法参考图4-7进行。

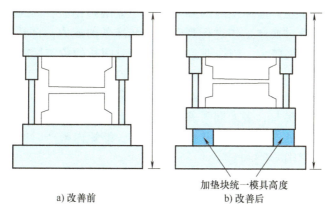

a) 改善前　　　　　　b) 改善后

图 4-6　模具、夹具、工装的高度标准化改善

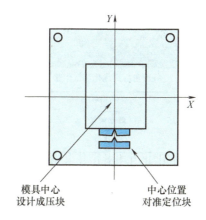

图 4-7　利用中心定位销、压块、定位块进行定位改善

③ 要将摸索出的各种产品的调整位置采用可视化的设置值和参照线进行清晰、明确的标识，解决内换产调整时间长的损失问题。具体的改进方法可以参考图 4-8 进行。

④ 针对设备定位精度不足问题，企业需要推行 TPM（全员设备维护）改善活动，定期对设备的基准面进行校验和处理。

⑤ 针对物料尺寸公差问题造成的停机进行调整的内换产损失问题，需要推动供应商进行协同改善。重点进行供应商生产过程中的 CPK（过程能力指数）管理，控制物料尺寸的公差影响，还要加强供应商物料的批次管理，严格产品的追溯管理，才能解决问题。

4）采用并行作业的改善方式，缩短内换产时间，减少停机损失时间。很多制造型企业对于生产线换产作业不太重视，也没有进行系统的换产策划、准备等工作，当生产线需要换产作业时没有进行有效的组织，基本由生产线的作业者自主进行换产作业，这样换产的具体工作任务落到作业者的身上。生产线的作业者基本不具备对换产工作进行高效组织和准备的能力，自己单独换产停机时间较长，产能损失较大。当企业意识到换产时间长的危害后就需要对换产作业专门进行有针对性的组织和策划，将换产作业的工作内容和工作量进行梳理，制定换产的标准化作业方法和步骤。当生产线需要进行换产作业时，安排班组长和线外人员一起参与，多人同时并行进行换产作业，这样可以大幅缩短内换产时间，降低换产的产能损失。并行作业改善，缩短内换产时间，减少停机损失时间的方法参照图4-9进行。

a) 颜色标尺优化调试作业

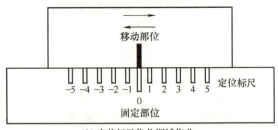

b) 定位标尺优化调试作业

图 4-8　调整位置可视化改善

5. 对外换产作业内容进行改善，持续缩短换产时间

当内换产时间通过改善已经比较短时，外换产时间有可能开始制约整体换产时间的缩短，这时就需要对外换产作业进行改善了。针对外换产作业，可以从缩短和消除寻找物料和工具的时间，缩短和消除工装、模具的搬运等待时间，以及推行换产工作的标准化操作等方面来进行改善。

1) 缩短和消除寻找物料和工具的时间。

① 对换产需要的工具、物料、工装、夹具和模具等进行整理，将可用和不可用的情况进行状态区分，将不可用的部分予以报废处理，清理出去。

② 将清理好的工具、物料、工装、夹具和模具等按照使用的方便性和顺序性进行组合配置，放置在专用的工具车或者定点区域内，做好换产的应用准备。相应的改善工作可以参照图4-10进行。

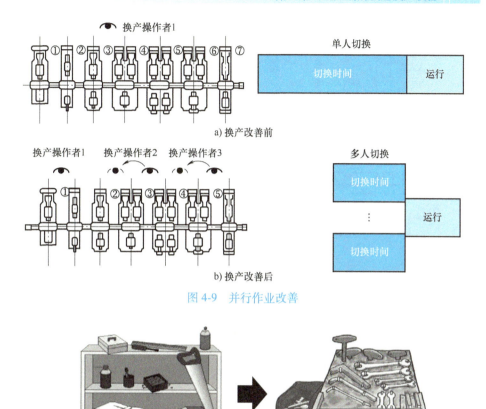

图 4-9 并行作业改善

图 4-10 换产工具等物料的整顿改善

③ 将工具、物料、工装、夹具和模具等进行定置并用不同的颜色进行区分，方便换产作业时的快速识别和取用。具体样式参考图 4-11。

④ 将换产切换下来的工具、物料、工装、夹具和模具等做好清扫、清洁工作，以便下次换产作业时正常应用。

2) 缩短和消除工装、模具的搬运等待时间。在生产现场合适区域设置工装、模具的临时放置架子，在换产作业时缩短或者消除搬运的等待时间。具体样式可以参考图 4-12。

3) 推行换产工作的标准化操作。对换产作业的工作步骤、作业人员、作业区域、使用工具、搬运方式等进行标准化管理和规划，制作相应的换产作业要领书，同时对作业者进行换产的标准化作业方式训练。通过换产作业的标准化操作，提升换产的工作效率，缩短换产的损失时间。换产作业要领书可以参照图 4-13 制作应用。

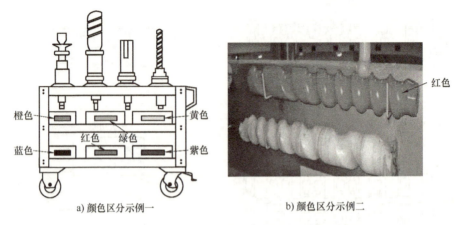

a) 颜色区分示例一　　　　　b) 颜色区分示例二

图 4-11　换产物料的颜色区分示例

a) 生产现场工装库　　　　　b) 生产现场模具架

图 4-12　生产现场工装、模具放置示例

6. 研究消除换产作业的方法和手段，向实现换产损失"零"化的目标持续努力

随着快速换产改善工作的持续进行，从内外换产等几个不同的层面推动换产改善工作，换产的损失时间会急剧下降，到第六个步骤时就可以挑战换产损失"零"化的目标了。围绕生产现场，仅依靠生产线的作业人员来进行改善已经不可行了，必须将公司的设计、工艺、装备等职能管理部门纳入快速换产的改善工作中来，才有可能实现这个目标。为了实现换产损失"零"化目标，可以从以下几个方面入手：

1）在产品设计上推行产品的模块化和标准化设计，从源头上解决换产问题。

2）在生产线的工艺设计上推行最小生产单元设计，在实现规模化制造的高效率的同时，也要兼顾多品种、小批量的灵活性和柔性的需求。

第4章 生产线的快速换产改善

设备型号	CK7025B	换产作业要领书		共1页		第1页	
设备名称	数控车			指导书编号			
夹具编号	GZF0-2003-003	零件名称	轴承架	工序号	7	工序名称	车
夹具名称	车模	零件图号	12003-42102	使用部门		桥箱事业部	

序号	工具			量具		
	名称	规格	数量	名称	规格	数量
1	活动扳手	6in(1in=25.4mm)	1	卡尺	0~150mm	1
2	六角板	10mm	1	螺纹塞规(通)	T22×5	1
3	六角板	6mm	1	螺纹塞规(止)	T22×5	1
4	套筒	10mm	1			
5	一字螺丝刀	6in	1			
6	钻头	ϕ17.8mm	1			
7	内孔割槽刀	16mm	1			
8	螺纹刀	16mm	1			

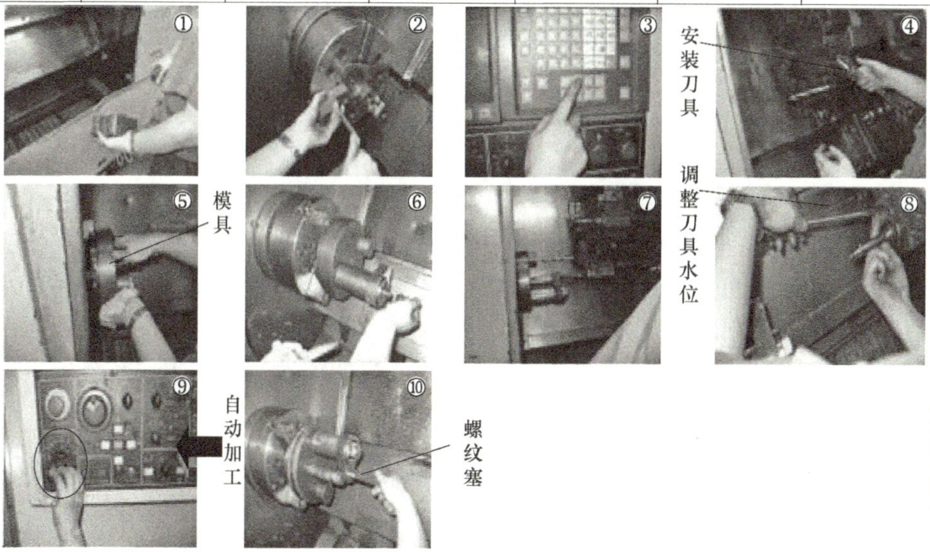

序号	作业顺序	作业注意要领	作业时间
1	检查卡爪清洁度	将铁削、灰尘等污物清理干净,见图①	12s
2	上卡爪	保证卡爪的齿数及卡爪与卡盘编号一致,见图②	100s
3	调程序	调出本道工序程序并检查程序,防止出错,见图③	8s
4	安装刀具	注意刀具伸出长度,见图④	188s
5	上模具	注意夹紧力,见图⑤	35s
6	装工件	安装稳定、牢靠,见图⑥	30s
7	对刀	保证对刀的正确性,见图⑦	170s
8	调整刀具水位	水位对准刀尖,见图⑧	120s
9	试加工	按下按钮,调至最低速度挡,见图⑨	151s
10	检测T22×5(合格)	按照螺纹塞规的标准要求,见图⑩	15s

编制	董某	审核		批准		版本号	
日期	2009年9月3日	日期		日期			

图4-13 换产作业要领书样例

3）在生产线的设计上推行成套化的制造模式，消除换产的损失和影响。

4）在夹具、模具和刀具的通用性上下功夫，向消除换产损失的目标努力等。图4-14所示为兼容多种产品的工装设计与应用图例。

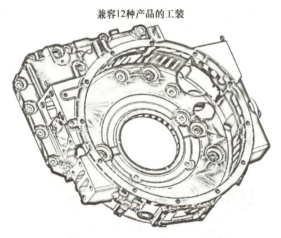

图4-14　兼容多种产品的工装设计与应用图例

换产时间长的浪费现象会影响生产线产能的充分应用，为了减少换产损失而采用经济批量法会造成生产批量的加大，生产周期会被拉长，与多品种、小批量、短交货期的客户需求产生冲突，所以生产现场一定要关注快速换产的改善工作，将这项改善工作按照系统化推进的方法持续地进行下去，系统的换产持续改善推进方法如图4-15所示。

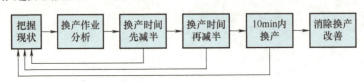

图4-15　系统的换产持续改善推进方法

通过快速换产"六步法"，生产线可以将柔性制造的快速换产能力建设起来。快速换产具有以下作用：

1）快速换产可以减少生产线的产能损失，可以更好地满足客户准时交付的要求。

2）快速换产可以缩减生产批量，生产现场的在制品可以大量减少。

3）快速换产可以缩短生产周期，生产现场应对客户多品种、小批量、短交货期的需求的能力会更强。

4）快速换产可以培养生产线的员工具备挑战意识，掌握持续改善的技能，为生产线的管理能力和水平提升做出更大的贡献。

# 第 5 章
生产线的质量改善道具应用

5.1　生产线质量管理道具化

产品质量是消费者权益的保障,也是制造型企业生存和发展的基础。制造型企业产品质量管理的经典方法是朱兰博士提出的"质量管理三部曲",即质量策划、质量控制和质量改善三个方面。质量策划围绕识别和确定客户需求,开发满足客户要求的产品,并策划和制定稳定、可靠的生产制程,以便生产满足客户要求的产品,主要的负责部门是设计和工艺部门;质量控制是按照质量策划制定的作业标准、检测基准,对生产制程进行有效的管理和控制,并将实际的质量表现与质量目标进行对比和分析,以确保质量目标的实现;质量改善是调动全公司各个部门和全体成员的积极性,有组织、有针对性、有目标地组织大家一起参与公司的质量改善活动,鼓励和培养大家去识别问题、分析问题、解决问题,为提升企业的质量水平而不懈的努力。"质量管理三部曲"如图5-1所示。

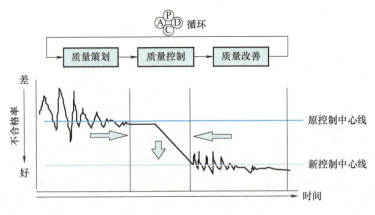

图5-1　质量管理三部曲

生产线作为生产产品的主战场,加强质量管理和积极推行质量改善工作非常必要,为了将生产线的质量管理和改善工作真正有效、合理地推行起来,需要立足于执行、立足于落地来开展,是要使用质量管理的相关道具来实现的。

5.1.1　简化和加强质量检查的道具——快检量具

作业者在生产线生产产品的过程中产品的检测和计量工作必不可少,这是对产品的一个或多个质量特性进行观察、测量、试验,并将结果与规定的质量标准进行比较,以确定产品的每项质量特性合格情况的技术性检查活动。在这个过程中,专业的计量和检测仪器、器具发挥着无可替代的作用,在生产线的改善工作中，针对计量和检测仪器、器具的改进非常重要。

从对产品的质量特性进行观察、测量、试验的角度来讲，专业的精密测量仪器发挥着重要的作用。比如，三坐标测量仪是一种基于计算机控制的精密检测仪器，通过不同测杆及探针的组合，实现对各类零件进行快速、精确的检测，广泛应用于机械、汽车、模具等行业中的箱体、曲轴、机架等各类零部件的精准测量。粗糙度量仪是评定零件表面质量的精密测量仪器，可对多种零件表面的粗糙度进行测量，包括平面、斜面、外圆柱面、内孔表面、深槽表面及轴承滚道等，实现了表面粗糙度的多功能精密测量。偏摆检查仪是用于测量轴类、盘类零件径向、圆跳动和端面圆跳动的精密量仪。这些精密仪器虽然测量精度非常高，但是运行环境要求也高，且占地面积大，无法灵活移动，操作复杂，需要进行专业化的操作培训才能应用，检测时间较长，适用于专业化的计量、检测部门应用，不适用于批量化生产线上需要进行多频次便利化检测的情况。图 5-2 所示为生产用精密测量仪器。

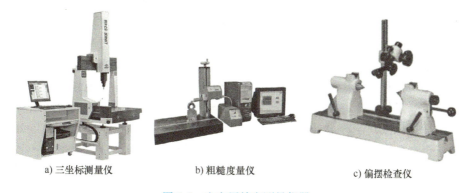

a) 三坐标测量仪　　　　b) 粗糙度量仪　　　　c) 偏摆检查仪

图 5-2　生产用精密测量仪器

为了加强生产线产品制造过程中的质量管控和检测，需要对产品的关键特性进行识别，同时加频和加强对这些关键要素的计量测定，才能随时做出是否符合标准的判断。精密测量仪器可以保证测量的精度和准确性，但是生产线大批量生产制造的特点，需要采用更加简单、有效和可靠的测量器具进行多频次的产品质量和性能的检测工作。在这种需求下，生产线一般采用长度类和扭矩类两大类计量器具（检具）进行产品计量检测，如图 5-3 所示。

1）在生产线上采用的长度类计量器具，一般包含对产品进行内外尺寸、深度及台阶测量的游标卡尺，用于测量产品深度、台阶深度等的深度游标卡尺，以及对产品的外径进行精密测量的外径千分尺等。这类测量器具轻便易携带，操作简便，读取数据快速、方便，但是在进行测量后的读数上需要作业者进行检测数值识别和判定，会影响作业效率。此类计量器具基于精度管理要求，对生产现场的放置和保管要求较高。

游标卡尺　　　　　　　深度游标卡尺　　　　　　外径千分尺
a) 长度类计量器具

定值式扭力扳手　　　　可调式扭力扳手　　　　数显电子扭力扳手
b) 扭矩类计量器具

图 5-3　生产线用计量器具

2) 在生产线上采用的扭矩类计量器具,一般有定值式扭力扳手、可调式扭力扳手和数显电子扭力扳手等。它们在对物料进行装配拧紧的过程中,用预定好的扭矩或角度进行紧固来保证足够的拧紧力,确保螺栓和螺母联结的可靠性。这类工具型的测量器具具有精度较高、测量准确、性能稳定、操作简单等特点,在操作方便性和检测准确性的结合应用上比较适宜,适用于汽车、摩托车、机械制造等行业的生产线,是保证和提高产品质量的有效检测器具。

对于结构和形状比较复杂产品的即时检测,一种方式是直接测量,比如使用三坐标测量仪对产品的结构和尺寸进行全方位的数值测定,然后与产品标准进行数据对比来判定产品的质量。另一种方式是比较性测量,这种方式是可以制作符合产品质量标准的多套低成本的产品比对样品或者样板,通过将产品直接与标准样品进行比对、检测的方式,来判定产品合格与否,而不必一定要使用精密的检测仪器,没有对产品检测出具体数值来做出判定的局限,这样既达到了产品标准检测的目的,又简化了对精密计量仪器的依赖和检测压力。这种比对性的样品或者样板就是生产现场使用的各种专门设计的综合性检具,图 5-4 所示为专门设计的应用于不同产品检测的综合性检具。

a) 综合性检具　　　　　　　　　　　　b) 快速检测应用

图 5-4　生产现场综合性检具

生产现场为了保证产品质量，加强产品质量管理，要在制造的过程中加强质量控制，从而需要从检测的频次上加严。加严检测频次对作业者的操作会产生影响，要解决作业和检测之间的冲突，就需要从检测工具的道具化上想办法进行改善。采用比较测量的方式，将检测工具简易化，比如简单方便地检测缝隙的塞尺、检测加工尺寸的位置度塞规、检测螺纹的简便的螺纹环规，以及检测位置尺寸是否符合要求的卡规等，这些道具化的生产线应用的快检量具，均可以在作业过程中对产品的外观、性能和尺寸进行随时检测，非常方便和有效。图 5-5 所示为在生产作业过程中使用的一些简易、有效的快检量具，企业在进行相应的生产线改善时可以借鉴和应用。

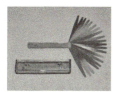   

a) 塞尺　　　b) 位置度塞规、百分表　　　c) 螺纹环规　　　d) 光滑极限卡规

图 5-5　生产线快检量具

随着计量和信息化技术的发展和进步，现在很多新型的在线检测仪器和设备被研发、设计出来，投入了生产线的即时检测应用。比如，对加工产品的内径尺寸进行自动检测的气动测量仪，还有以前主要依靠作业者在生产线上目视进行的外观检测等工作，现在可以采用由在线的摄像头和自动外观检测软件构成的在线自动外观检测仪对产品的外观进行自动化检测了。这些新型的在线自动化检测仪器和设备的应用，可以帮助生产线上的作业者实现作业和检测工作的分离，在保证产品检测的频次、精度和可靠性的情况下，检测工作的劳动压力和负荷都可以实现比较大的优化。生产线上应用的一些自动化在线检测仪器可以参考图 5-6。

a) 气动测量仪　　　b) 在线自动外观检测仪

图 5-6　自动化在线检测仪器

5.1.2 提升员工质量意识的管理道具——不良品展示台

产品质量是企业生存发展的基石，很多企业为了保证产品质量，在生产线上设置专门的质量检验人员，对生产出的产品进行质量检查，期望用这种方式来更好地保证产品质量。实际运转下来看，情况并不尽如人意，该发生的不良品和不良现象依然会发生，不良品是指不符合产品的外观、性能等方面的产品标准或者不符合订货合同规定的技术标准的产品。专门的质量检验人员发挥的作用只是将不良品检查出来，减少遗漏到下道工序或者客户手中的可能性，并没有从根本上解决不良品的产生问题。要想从根源上进行改善，解决不良品的生成和遗漏问题，就需要转变思路，从作业者在制造产品的过程中如何不产生不良品的角度去思考和进行改善。

从作业者生产产品的角度来改善产品质量，可以从两个方面入手。一方面是如何提高作业者的质量意识。在很多制造型企业中，由于大规模制造的习惯，今天的生产任务是否完成关联到是否可以准时交付，所有人员都非常关注产量。而在关注产量的同时，很多企业对产品质量的关注度是比较欠缺的，很多人都有"先生产出足够的产量来，出了质量问题有品检呢"的观念。这种观念也影响了作业者对产品质量的关注度和重视度，如果生产线上的作业者是计件工资的薪酬方式，因为产量和工资直接挂钩，就会更加关注自己每班的实绩生产量而容易忽视产品的质量控制问题。如何提高生产线上作业者的质量意识，改变思想观念，重视在制造过程中把控产品质量是生产线质量改善的核心。

另一方面是要解决不知道什么是不良品和如何发现、预防不良品的产生问题。作为生产线的作业者，如何制造产品有作业标准可以遵循，但是对于什么情况下产品是不良品，不良品的产生原因是什么，如何预防和控制不良品的产生等方面的方法和手段不清楚，因此生产线质量改善的第二个方向是要聚焦怎样帮助作业者识别不良品，怎样能够在制造产品的过程中发现隐患，怎样判断不良品产生的风险，进而在作业的过程中从源头上防止不良品的产生。

针对以上两种情况，仅采用口头空洞的泛泛教育基本上是无效的，可以采用不良品展示台这个质量保证（品保）管理的道具来帮助我们推进生产线的质量改善工作。不良品展示台是放在生产现场最显眼位置的一个展示台，可以采用一个生产区域共用一个展示台的方式，也可以根据产品质量的重要程度采用每条生产线均单独配置展示台的方式。在展示台上放置展示的后工序发现的不良品或者是在客户那里返回的不良品，这些不良品能够流到后工序或者客户那里去，意味着生产线的质量管控措施和手段是无效的，这种情况必须引起生产线的高度重视。需要将不良品原物取回放在生产现场最显眼的地方进行实物展示,以便强化作业者对不良品流出问题的重视。另外,要对流出的不良品发生的位置、现象等,组织相关的专业人员进行专项分析,以便确定不良品为什么会流出,为什么没有被发现,以及如何造成的,还有应该如何控制,从而从根源上解决问题,防止同样的不良品再次发生。当这些问题通过专业人员的检讨和分析,能够给出明确的答复时,要组织生产线所有的作业者进行实物不良品的培训和指导,以便帮助作业者真正了解和掌握不良品控制的方法,提升生产线的产品质量。不良品展示台如图 5-7 所示。

图 5-7　不良品展示台

不良品展示台这个道具是放在生产现场的一个硬件,应用时还要有相应的流程和运行机制的保障,这个道具的现场应用才可以真正实现立体和有效,不良品展示台的应用和管理机制如下:

1)由生产线的班组长或者负责市场质量管理的人员定期将发现的不良品拿回到生产现场的解析台位置。

2)对不良品进行登记,填写"不良品登记表"。

3)通知生产线相关的检查、工艺、技术和质量管理等人员到场对不良品进行复检。

4)对不良品的现象和部位用标签标识、挂缺陷卡或者用带颜色的油笔画线区隔明确标出。

5)对不良品流出方式以及如何控制和预防,通过检讨给出明确的处理意见。

6)将不良现象的分析以及处理意见登记在不良品"解析登记表"中。

7)班组长将不良品实物转放到不良品展示台上作为典型进行展示。

8)班组长在班前会或者专项会议上组织全体作业者进行实物的不良品指导、教育。

9)要给所有的作业者讲清楚不良品的位置、现象、发生的原因、控制和预防的方法和手段，以及造成的损失和影响。

10）每个月定期对展示的不良品按照处置标准进行留存或者报废处理。

通过不良品展示台这个质量管理道具的应用和管理，可以加强作业者的质量意识，提高作业者识别不良品的能力，提升作业者对不良品流出的管控能力，在制造产品的过程中起到实现源头预防和改善产品质量的功效。

5.1.3 加强制程质量控制的管理道具——保留品台

为了加强生产线作业过程中的产品质量控制，预防和避免批量不良发生，在生产现场的质量控制中建立了首件、中间件和末件检验管理制度。对一条生产线的首件、中间件和末件产品的检测过程建立了一个班次生产过程中的产品质量控制模型，为把握生产过程的产品质量状态以及后续的产品追溯管理打好基础。

1）首件检验是指产品在连续批量生产之前，或生产过程中人、机、料、法、环、测等影响产品质量的生产要素发生变更时，需要对开始正式生产和条件变更后生产出的第一件产品进行全方位地检测确认的管理过程。

2）中间件检验指生产线已经开始连续批量生产后，按照产品的控制计划要求及结合质量抽检的规定，定期（一般为每两小时）对产品进行质量检测的管理过程。

3）末件检验是当班作业者将本班最后一件产品加工完毕后，对生产线的最后一件产品进行质量检测确认的管理过程。

保留品管理台就是对首件、中间件和末件检验的产品进行统一摆放和控制管理的道具，一般每条生产线均要进行配置，放置在生产线的线头或者显眼的位置，可简称为保留品台。保留品台如图5-8所示。

图5-8 保留品台

保留品台作为硬件道具在现场摆放、应用的同时，还需要有相应的保留品检测作业要领书、保留品检验记录表以及保留品台运行规则等支撑，才可以将整条生产线的产品质量控制有效地运行起来。

1. 保留品检测作业要领书

在对产品的首件、中间件和末件进行检测时，必须要有相对应的作业要领书来规范作业者的检测基准和操作过程。检测的作业要领书需要按照控制计划的要求来制定，然后需要对作业者进行培训和指导，同时需要对作业者的检测技能进行验证，后续按照作业标准完成相应的检测工作。保留品检测作业要领书样例如图5-9所示。

生产线名	上球座生产线	上球座	批准/日期		校对/日期		编制/日期	
产品	AZ9725526201							
工序流程	车一端及内孔→车另一端及φ109槽→车φ106外圆及φ104.4槽→打中心孔→车一尾端及槽→车另一尾端及槽							
关键工序	内孔尺寸:φ109$_{-0.09}^{-0.05}$	内孔深度:47.1$_{-0.02}^{+0.07}$	外圆尺寸:φ46$_{-0.11}^{+0.02}$		尺寸单位 mm		抽检频次 1次/2h	

目的：放置首检合格、抽检合格和末检合格的产品，做到产品的检验频次和状态的可视化。

首件：①接班时加工的第一件产品；②机床重新启动或加工参数改变后加工的第一件产品；③工艺、刀具、工装、材料发生改变后加工的第一件产品；④操作或检验方法发生改变后加工的第一件产品

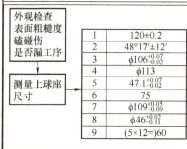
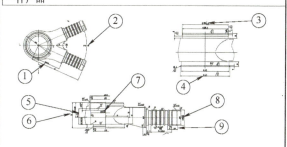

1	120±0.2
2	48°17′±12′
3	φ106$_{-0.02}^{+0.07}$
4	φ113
5	47.1$_{-0.02}^{+0.07}$
6	75
7	φ109$_{-0.09}^{-0.05}$
8	φ46$_{-0.11}^{+0.02}$
9	(5×12=)60

要领：①生产线作业员工按工序作业要领书要求对自己所加工的产品进行自检；②线尾作业员对下线产品进行首检、抽检、末检，检验合格产品放在保留台相应的位置；③班长对保留台的产品进行专检，检验合格后填写"专检记录表"；④检查员对抽检台的产品按"控制计划"要求的频次进行检测；⑤当班线尾作业员下班前从抽检台上取回首检和抽检产品，放入成品箱，保留末检产品，接班作业员接班后确认末检产品合格后，再放入成品箱；⑥生产线进行"6S"时，线尾作业员对抽检台打扫一次，保持清洁
注意：针对多台机床加工同一工序的现状，为使抽检结果更明确地反映整线的产品质量，线尾作业员可按生产线作业员所做的标识进行抽检

图5-9 保留品检测作业要领书样例

2. 保留品检验记录表

在对产品进行首件、中间件和末件的产品检测后，为了检查和确认是否进行了实际检测，检测的结果如何，以及相应的检测数据的散布状态，后续方便进行统计过程控制（Statistical Process Control，SPC）的数据分析与应用，在保留品台上还需要配置保留品检验记录表。生产线的班组长要对保留品台的留置的样品进行再次检查和确认，然后填写检验记录表。这个检验记录表是将产线、机台、产品、生产日期、检测的基准、检测的实际数据和状态、判定的结果以及新产线班组长的确认签字等内容在一张专用的表单上进行全面记录，以备后续质检人员进

行巡查确认及后续的质量管理和改善之用。保留品检验记录表见表 5-1。

表 5-1 保留品检验记录表

保留品检验记录表								编号：	
								版本：A/O	
	零件号		产品名称		原料		机台编号	生产日期	
首件信息	□开机首检 □转产首件 □生产参数变更 □材料变更 □其他		检验依据		□工程图纸 □标准样件 □制程检验标准 □产品标准 □其他		检验时间	时　分	
检查记录	项目		实测值					判定	备注
			1	2	3	4	5		
	尺寸	各尺寸均按图纸技术要求生产、首检							
	外观	□气孔　□开裂　□变形　□孔毛刺　□飞边毛刺　□划伤　□压痕　□拉痕 □缺料　□色差							
总结									
最终判定结果	□合格　□不合格				是否同意量产：□是　□否			班组长签名：	
注意事项	1. 所有项目首件检查时必须合格								
	2. 对质量统计的不良项目进行持续跟进								
填写说明	1. 产品新开机生产时，首件检查判定合格后生产								
	2. 检验员判定合格后从样品中随机挑选 1 个样件，进行首件标识，并连同巡检记录表一起置于产线最终检查工位								
	3. 适用范围：产品新开机、开线、变更工艺/参数、变更材料等时均需要进行首件检查								
	4. 检查结果：合格项目打"√"，不合格项目打"×"，无此检查项目打"0"；本表单保留 1 年								

3. 保留品台运行规则

1）每班开始生产时每个工位加工的第一件产品必须自检。生产线作业员要按"保留品检测作业要领书"要求对自己所加工的产品进行自检，检测合格后标识为本工位的班首件产品往下道工序流转，线尾作业者将自检合格的班首件产品放至保留品台相应位置上保留管理，以备后续生产线班组长和质量巡检人员进行检查确认之用,然后就可以正常开始当班生产作业。

2)按照质量控制计划的要求,在一定的时间频次内,线尾作业员对下线产品进行自检确认合格后,作为中间件自检合格的产品放在保留品台相应的时点位置,作为中间件留置的样品以备生产线班组长和质量巡检人员进行中间件检查确认之用,后续正常进行生产作业即可。

3)作业者本班生产的最后一件产品加工完毕后,也要按照"保留品检测作业要领书"的要求进行产品检测,合格后作为当班生产的最后一件产品放置在保留品管理台的尾件放置位置,以备生产线班组长和品质巡检人员进行尾件检查确认之用,然后停止生产作业,开始进行生产线的班后整理、整顿和清扫等班后收尾工作。

4)当生产线的作业过程中发生人、机、料、法、环、测等资源变化时,适用变更点管理要求,按照"保留品检测作业要领书"的要求对变更后生产出的第一件产品进行外观和尺寸的检测,在检测合格的情况下同时要按照控制计划和变更点管理的要求,对需要应用三坐标测量仪进行关键尺寸检测的产品,要等待三坐标测量仪的检测结果出来并判定为合格品后才可以进入正常生产状态。

5)生产线的班组长要对保留品台上的班首件、中间件和末件产品定期进行复检,确认合格后要在工件上做好确认标识,班组长要认真填写"保留品检验记录表",保留品台上保存的各件样品要留置到本班结束。

6)质量巡检人员要定期对生产现场各条生产线的保留品台的产品进行巡视和确认,一般的巡检频次根据车间大小、产线多寡等情况,每班不少于2~4次巡检。按照控制计划和"保留品检测作业要领书"的要求对保留品台上留置的保留品进行尺寸、外观的确认并做好标识、记录,同时还要对各条生产线的班组长是否进行了定期检查进行确认,以便保证各条生产线现场班组品控的执行性和有效性。如果发现没有按照标准和要求进行相应的检查和确认工作,要及时向生产线的班组长指出并要求予以整改。

7)生产线当班班组长完成班后的管理工作后,从保留品台上取回当班留置的样品并放到成品箱中。

8)生产线作业者要按照清扫和清洁的要求定期对保留品台进行清扫,保持保留品台的清洁。

通过对保留品台这个品管道具的应用,生产现场在各个时间节点将按照管控要求进行的对产品的自建、互检、抽检和巡检工作在实际执行层面上落到实处。同时,应用保留品台的管控将每条生产线当班生产产品的品控管理模型通过保留品台上的每个保留的样品建立起来。此外,还可以将生产线作业者的标准作业遵守情况,每位班组长的品控管理工作以及质量巡检人员的标准化检查工作有机地结合起来，在生产现场构筑立体的品控体系，为保证产品质量的稳定性和可靠性建立可靠的保障机制。

5.1.4 不良品分析的管理道具——不良品解析台

在生产现场上使用的品管道具还有不良品解析台。这是一个放在生产现场使用的品管道具，是对生产线发现的不良品或者待判定产品进行分解、分析的地方。因为在这个位置会对发现的不良品或者待判定产品进行检测和分析，所以需要在解析台面上划定位置和区域，将需要应用的量具、检具进行定置和管理。同时，在不良品解析台上还需要张贴进行不良品识别、分析等工作应该遵循的工作流程和工作标准。不良品解析台如图 5-10 所示。

图 5-10 不良品解析台

不良品解析台的运行和管控流程如下：

1）生产线的班组长要定期（一般 1~2h 间隔）将生产线发现并放置在不良品排除滑道或者不良品放置筐中的不良品，或者待判定产品，收取后拿到不良品解析台上。

2）在不良品解析台上，对待判定产品进行检测和验证，以判定是否为不良品。如果是不良品，按照不良品的判定和处理方式进行后续的验证和检讨工作；如果经过验证不是不良品，可以将待判定产品作为合格品返回生产线继续正常生产。

3）对不良品解析台上的不良品按照控制计划中的检测要求使用相应的检测仪器或者工具再次进行检查和判定，从不良品的材质到生产过程进行分析和判断，以便识别不良品发生的位置、发生的原因以及可能产生的影响，并对不良位置和原因做出标识和贴上标签。

4）针对不良品分析的结果做出后续的处置决定，如果有系统品控风险，要采取停止生产，对前面生产的一个时段的产品采取封存后验证处理的措施。如果是一般性的临时发生的情况，可以在后续的班前会议中对这种情况的处理和预防措施进行讲解和要求。

5）如果生产现场的班组长对待判定产品或者不良品不能进行有效解析并做出判断时，可以应用生产现场的"安灯"报警系统呼叫相关的技术、工艺、品管和设备等专业人员到现场共同进行检讨和确认，以便从源头上识别不良品发生的原因和现象，为后续不良品的有效管控和改善提出专业和有效的建议，以及应该采取的措施。

不良品解析台既可以帮助生产现场将"三现主义"（现场、现物、现实）改善活动真正有效地应用起来，也可以将质量、技术、工艺和设备等各个职能管理部门更好地管理和支持、服务于现场的要求落实执行起来，还可以将不良品的区隔、检测、分析、问题识别、影响判定以及后续改善处置等现场质量改善活动按照流程全面、高效地推行起来，是一个非常实用的品控管理道具。

5.1.5 不良品区隔管理的道具——红"BOX"

不良品的产生与产品的开发设计、工艺的规划与应用、材料的管理以及生产线上的作业标准管理和执行等方面相关，还与产品的检测和质量管控水平有直接关联。

生产线在制造产品的过程中不可避免地会产生不良品，为了确保这些不良品不会遗漏和流到后工序或者客户处，就必须要有一套流程和管控机制将这些不良品区隔和控制起来，实现这个品控管理要求的道具就是红"BOX"（不良品箱）。红色是警示色，是世界制造业比较通用的对不良品进行单独管理的颜色，在生产线中发生和发现的不良品一定要区隔、放置在红色的不良品箱中，这样才能保证所有的不良品都是区隔管理的，是可控的，从流程和机制上保证不良品不会流到客户那里。

有的生产线在布局和生产线设计上比较紧凑，在中间工序出现不良品后不太方便将不良品及时进行区隔和单独排出，因此对这样的生产线中可能出现不良品的工序要设置有效的不良品排出机制，以便将发现和产生的不良品能够及时、方便地从生产线中导出，加强对生产线不良品的区隔、排出、标识和管控。图5-11所示为生产线上设置的不良品的排出滑道及标识。

对生产线出现的不良品要进行区隔管理是将生产现场质量管理的"三不原则"（不接受、不制造、不流出）实际践行和有效管控的必要要求，应用红"BOX"质量管控道具是将这项管理要求真正执行和管控落地的必要手段。当客户到制造型企业的生产现场时，看到生产过程中发现和产生的不良品都已经被管控在红色标识的管控区域中了，才会相信这些不良品不会流到后工序，进而流到客户那里，才会对生产现场品控体系产生信任，才会对产品质量感到放心。

图 5-12 所示为生产线应用的比较典型的红 "BOX" 样例,各制造型企业可以借鉴应用。

图 5-11 不良品的排出滑道及标识

图 5-12 红 "BOX"

5.2 QCC 小组改善活动

制造型企业产品质量管理是遵循质量策划、质量控制和质量改善三个方面来进行的。其中,质量改善是在质量策划和质量控制的基础之上,针对生产现场暴露出来的质量问题,有针对性地组织生产现场的各级员工共同参与质量改进的工作中。这种调动全公司各个部门和全体成员的积极性,有组织、有针对、有目标地组织员工一起参与公司的质量改善活动,鼓励和培养员工去识别问题、分析问题、解决问题的改善活动就是品管圈(Quality Control Circle,QCC)小组活动。QCC 小组活动由日本石川馨博士于 1962 年所创,已经成为全世界各企业开展基层员工的自主管理、全员品管及持续改善的一种最佳管理活动。

5.2.1 什么是 QCC 小组改善活动

QCC 小组改善活动是：

1）通过将企业内工作性质相似的生产线基层作业人员 4~8 人组成一个小团队的方式，来组织企业的员工共同参与质量改善。

2）围绕企业的经营策略、方针、目标和生产现场存在的各种问题进行改善。

3）结合员工多年的工作经验，应用质量管理的理论和方法，使用质量控制七大工具（层别法、检查表、柏拉图、因果图、控制图、散布图和直方图）的方法，集思广益，脑力激荡，自主自发地挖掘和改善各部门的各种困难和问题。

4）实现提升产品质量、降低成本、更好地服务和满足客户（下工序也是顾客户）的需求，提高改善后的经营绩效。

5.2.2 QCC 小组的特点

1）完全的自主性：自愿参加、自我教育、自主管理。

2）广泛的群众性：人人都可以参加。

3）高度的民主性：民主的组合、民主的活动，小组长自然产生，组内平等、相互尊重。

4）严谨的科学性：按照 PDCA 管理循环，应用数理统计的方法，用数据说话，遵循小组活动步骤的逻辑思维模式。

5.2.3 QCC 小组的作用

1）可以改进产品质量和预防质量问题的发生。

2）可以提高顾客满意度。

3）可以提高基层员工的品质意识、问题意识及改善意识，并将这种氛围渗透至生产现场的每一个角落。

4）可以提高员工的科学思维能力、组织协调能力、分析和解决问题的能力。

5）可以提高员工对工作的责任感与成就感，提高员工向心力及团队士气。

6）可以提高生产现场班组长的管理能力及改善能力，持续提高部门绩效。

7）可以改善人与人之间的关系，增强生产现场作业者之间的团队协作。

5.2.4 QCC 小组改善活动的程序

QCC 小组改善活动是职工参与企业民主管理的产物，是企业中群众性质量管理活动的一种有效的组织形式，在小组的组建、注册管理、活动形式和改善活动的步骤等方面都有明确的管理流程和标准。

1. QCC 小组的组建

QCC 小组采用成员自主参加、自我提高，管理者适时进行组织、引导和启发的方式组建。QCC 小组组建的方式一般有以下几种情况：

1）自下而上组建小组。小组一般由生产现场自然班组成员组成，然后报主管部门审核批准后成立。QCC 小组活动主要采用这种方式组建团队。

2）自上而下组建小组。由主管部门提出组长人选，根据改善课题情况选择相应的小组成员构成团队。一般是针对企业急需解决或者难度比较大的问题，需要跨职能、跨部门的人员来共同参与才能解决问题才采用这种组建方式。

3）上下结合组建小组。采用上级推荐，员工一起讨论、协商的方式组建小组。

QCC 小组组建形式可以多种多样，采用不同的适宜类型，不搞"一刀切"，自主开展活动。每个 QCC 小组成立后要员工一起讨论，继续完成以下工作：

1）给自己的小组起个有特色的组名。
2）给自己的小组确定一个组徽。
3）给自己的小组确定一个响亮上口的小组口号。

确定组长的小组职责如下：

1）定期组织小组会议，进行小组的日常管理工作。
2）要联络和协调各种改善资源。
3）组织、推动小组进行改善活动。

明确组员的小组职责如下：

1）要按时参加小组活动。
2）要按时完成小组安排的各项改善工作。
3）要支持组长的工作。
4）要配合其他小组成员的工作。

2. QCC 小组的注册管理

QCC 小组推崇自主组建、自主组织活动的方式，但也不是完全没有管理的状态。为了调动各个 QCC 小组的改善积极性，激发各个小组的责任感和荣誉感，获得在企业进行改善成果评比、评价和发表的资格，同时得到上级领导的支持和帮助，企业在对 QCC 小组活动的管理上要求各个小组进行注册登记。QCC 小组要每年进行注册更新，小组停止活动半年以上时要予以注销。

公司要明确专门的组织负责 QCC 小组活动的注册登记、活动经费的发放、活动过程的指导、改善课题的征集等日常工作，并负责组织实施活动开展的推进宣传及优秀案例征集、评比和成果奖励工作。

3. QCC 小组的活动形式

1）QCC 小组活动要定期进行，一般每周活动一次即可。每次的活动时间不宜过长，一般 30~40min 即可，可以在上班的休息时间或者班后进行。

2）活动的地点在公司内外均可，一般选择在公司内进行居多。最好是在会议室进行，配备会议桌和白板，大家围桌而坐，会议气氛会比较融洽。

3）在开会前组长要确定好会议的主题、时间、场所等事宜，以及是否需要相关的领导和专家列席参加。

4）在以上准备工作完成后通知小组成员参加活动。

5）QCC 小组会议的进行方式如下：

① 首先由组长讲明本次会议讨论的议题。

② 小组成员积极发言，各抒己见，全体参与，互相尊重。

③ 由小组成员汇报上次会议安排的工作进展情况。

④ 由组长将决议事项分配给小组成员。

⑤ 一个事项讨论完成后再进行下一个事项。

⑥ 指派专人做好会议记录。

4. QCC 小组改善活动的步骤

在生产现场推行 QCC 小组改善活动时，一方面要调动生产线上员工参与质量改善的热情，另一方面要培养和锻炼生产线上作业者掌握改善工作的科学方法，应采用非常清晰和明确的方法和步骤推行。QCC 小组改善活动的步骤如下所述。

（1）第一步：选定小组改善的课题

选择课题是 QCC 小组活动是否可以真正有效推行起来的首要步骤，非常关键。课题的选择有以下几个来源：

1）专项性的课题。它是企业主管部门向 QCC 小组下达的专项改善课题。

2）指导性的课题。它是企业主管部门公布并推荐的一些可供小组选择的改善课题。

3）自主选择的课题。它是由生产现场各 QCC 小组根据本部门情况自主选择的改善课题。

在自主选择的课题上，可以从以下几个方面去思考和选择：

1）从生产现场的质量 Q、成本 C、交货期 D、安全 S、员工士气 M、环境 E 六个管理项目上去识别和判断。

① 质量方面：不良品在增加吗？返工的情况增加了吗？质量索赔的情况有哪些？质量管控中发生哪些异常？等等。

② 成本方面：效率在提升吗？工时有缩短吗？材料有浪费吗？经费在节约吗？等等。

③ 交货期方面：交货期能保证吗？每班的生产计划能完成吗？现场的在制品多吗？等等。

④ 安全方面：生产现场有意外伤害事故吗？生产现场有不安全的因素吗？有超负荷和容易疲劳的情况吗？等等。

⑤ 员工士气方面：生产线出勤情况如何？改善提案活动效果如何？员工之间的工作关系如何？等等。

⑥ 环境管理方面：生产现场的噪声大吗？烟尘、粉尘多吗？有没有油脂、切削液类物质的泄漏？等等。

2）从生产现场主要的投入要素人、机、料、法等方面去寻找。

① 作业者方面：是否遵守标准作业和作业标准的要求进行操作？作业技能有提高吗？作业效率怎样？是否有不安全的行为？等等。

② 设备方面：设备是否发生故障？是否频繁发生小停机等情况？设备的加工精度够吗？工程能力能否保证？等等。

③ 物料方面：材料的保管和运输状态如何？在制品的控制基准能够做到吗？物料会发生混用吗？等等。

④ 作业方法方面：标准作业的内容合理吗？是能够安全生产的方法吗？是能够保证产品质量的方法吗？是能够高效率生产的方法吗？等等。

3）从生产现场的作业环境和职场建设等方面去选择。

① 能够将生产现场改善的更加明亮、舒适的课题。

② 能够提升小组成员的知识和技能等方面的课题。

③ 能调动小组全体成员的积极性，大家共同分担职责，协同配合来开展活动的课题。

当有多个改善课题备选时，可以采用表5-2所列的课题评价项目由全组成员进行打分评价，也可以根据本小组的实际情况自行制定评价项目进行打分，把分数最高的课题作为候选，可以在听取领导意见的基础上最终决定小组的改善课题。

表 5-2 课题评价项目打分表

待选课题	评价项目					综合评价分
	在安全、质量、交付、成本、环境等方面能体现效果吗？	在小组活动期间能够达到标准化的程度并再发防止吗？	团队成员都有改善工作吗？能够全体参与改善吗？	在小组活动中每个成员的能力可以得到锻炼和提高吗？	在小组活动必要时可以得到领导和专业人员的协助吗？	
课题1	#	#	⊙	#	⊙	21
课题2	#	⊙	⊙	⊙	⊙	15
课题3						
课题4						

注：#代表5分，⊙代表3分，○代表1分。

在改善课题的选择上，还要注意以下几个方面：

① 课题宜小不宜大，优先选择解决具体问题的课题。这类课题的好处是立足于解决生产现场员工身边的问题，易于调动小组成员的改善积极性，改善活动周期比较短，出成果相对容易，大部分改善活动员工自己能够完成，易于小组成员发挥积极性和创造性。这类课题比较容易总结，改善成果发表更充分和高效。

② 课题名称不要抽象化，比如强化质量管理、提高产品质量等这样的课题就不具体，很难具体操作。课题名称一定要一目了然、简洁明了，从课题名称能直接看出小组要解决的问题，课题紧扣活动内容。

③ 不要将改善对策作为课题名称，比如将"生产线计量方法的改善"定为课题就不如"减少生产线的不良品流出"这样的课题更加明确和有效。

④ 采用问题解决型的方式来选定课题，比如"提升产品合格率"这样的命名就不如"降低××生产线的不良率"更加直接和明确。

（2）第二步：把握问题的现状并制定改善的目标

选定改善课题后，就要开始进行第二步的改善工作，这个步骤要到现场去调查活动开始时的基础现状。通过现场调查，掌握必要的材料和基础数据，对数据进行归纳、总结和层别分析，发现问题的关键和主攻方向，然后制定改善的目标。这个改善步骤的工作分以下几个阶段来进行：

1）明确问题点当前的基本状态。在这个阶段强调要开展"现场、现物、现实"的实际行动，要在小组会议上共同研讨问题点的实质，组织和安排小组成员到现场去进行实际的调研和确认，以便将问题点的初始状态明确下来。

2）通过小组讨论、现场调查、数据测试、征求意见等方式，针对现场的问题点进行定量的数据测试、记录，以便收集到足够的数据帮助大家后续做出分析和判断。在这个阶段可以学习和应用质量控制七大工具来帮助小组进行数据的收集和整理工作，比如用表 5-3 所列的点检表在生产现场进行不良现象的统计和收集就比较适用。

表 5-3　点检表

修理的种类	3月2日	3日	4日	5日	6日	9日	10日	11日	12日	13日	合计
泄漏	‖		‖‖		‖	‖	‖		‖‖	‖	19
拧螺钉	‖	‖‖‖		‖‖		卌	‖‖	‖‖		‖‖‖‖	23
标签位置	‖	卌‖	‖‖‖	‖‖‖				卌‖	卌‖‖	卌	36
遗漏保证书				‖					‖		3
清扫杂物	卌‖	‖	‖‖		‖	‖	卌	卌	卌	‖‖‖‖	39
其他		‖				‖‖		‖‖		‖‖	10
合计	12	13	9	9	6	11	15	21	18	16	130

注：‖是计数表现方式，一个‖代表 1 个不良品，卌 表示 5 个不良品。

3）收集到数据后，还要对数据进行层别分析，否则数据没有任何含义。只有对数据进行有目的的、方向性的层别分析才能将问题点清晰地呈现出来。表 5-4 是小组活动时进行数据层别分析的一些基本维度的划分。

表 5-4 数据层别维度

数据层别维度	具体内容
人	性别、年龄、学历、工作年限、职称、班、组、熟练度等
设备与工具	机台号、位置、新旧、型号、性能、速度、工装等
物料	供应商、产地、成分、等级、生产批号、零件等
作业条件与方法	压力、速度、电压、电流、作业顺序等
环境状态	温度、湿度、防静电等级、防尘等级等
计量与检查	测量仪器、计量方法、检测条件、检验者等
产品状态	品种、规格、批次、新旧规格等
不良状态	发生工程、发生地点、不良项目、发生位置等
时间状态	年、月、周、日、班、时、正常还是加班等

4）对数据进行层别划分后要进行数据的趋势性、重要性等方面的分析，输出结果和结论，这样才可以用定量数据呈现的方式，帮助小组的所有成员更好地理解问题点的现状，同时也可以更直接地帮助小组成员更好地进行目标的制定。数据层别分析后采用图 5-13 所示的柱形图、折线图、帕累托图等方式予以呈现。

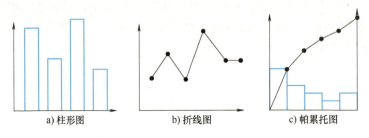

a) 柱形图　　　b) 折线图　　　c) 帕累托图

图 5-13　数据层别分析后呈现的方式

5）制定改善的目标。改善的目标包含改善什么、到何时为止、要实现什么结果 3 个要素，要和小组选定的课题一致。目标要有一定的挑战性，一般 1 个目标即可，如果两个目标之间有一定的关联度，最多不要超过 2 个。

（3）第三步：制订改善活动计划

进行小组改善课题时一定要遵循 P（Plan）、D（Do）、C（Check）、A（Action）的改善循环，要针对每项改善工作步骤明确主要的负责人员，其他的小组成员进行相关的全员辅助性工作。要明确每项工作开始和结束的时点,以便后续进行计划和实绩的对比管理。表 5-5 所列为小组改善计划样例,可以参考应用。

表 5-5 小组改善计划样例

小组改善工作步骤	主负责人	1月	2月	3月	4月
课题选定	小张	■			
把握现状、目标设定	小王		■ 实际		
分析原因	小赵		■		
对策研讨、实施	小刘		计划	■■	
效果的确认	小李			■	
管理的落实、标准化	小韩				■
反省和再发防止	小吴				■

(4)第四步:进行问题的要因分析

进行问题的要因分析是小组活动的重要一环。通过对问题产生原因的分析,找出关键所在,后续才可以制定有针对性的对策去改善和解决问题。在进行问题分析时采用的方法是脑力激荡法。这个方法可以有效地调动每个组员参与的热情和积极性,可以集思广益,从不同的角度去观察、思考问题产生的原因。脑力激荡法应用"五原则"如下:

1)每个小组成员都要发言。
2)不反对、批评别人的发言。
3)见解越多越好。
4)可以搭乘别人主意的顺风车。
5)欢迎自由奔放的主意,注意发言不跑题。

要因分析是进行问题成因的假设后,对若干个问题现象进行原因识别的过程,用事实对此进行验证之后,彻底查明真正原因的方法是特性要因图分析。特性要因图也叫鱼骨图,QCC 小组活动创始人日本的石川馨博士第一次将此图应用在 QCC 小组活动中,所以也称石川图。图 5-14 所示为鱼骨图的应用样式。

在鱼骨图初步分析后,小组成员要对数据和事实进行再次调查和确认,要通过小组活动的方式进行检讨和修正,并对鱼骨图中的主要原因进一步进行要因分析来深入追究问题的根本原因,这个过程就是要因分析,具体的分析方法可以参考图 5-15。

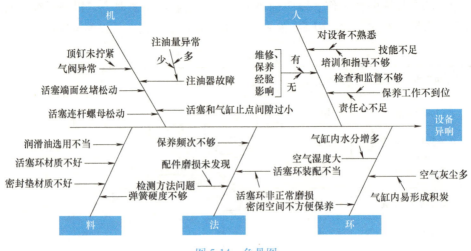

图 5-14　鱼骨图

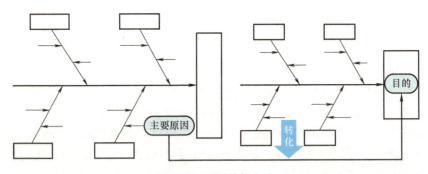

图 5-15　要因分析方法

(5) 第五步：改善对策的制定与实施

经过要因分析得到主要问题后，需要制定改善对策并实施改善工作，来解决问题。解决问题的对策有以下两种：

1) 临时性的解决对策。它是对应问题现象、结果的临时性处置措施，强调及时性和有效性，防止问题和损失的扩大化。

2) 永久性的解决对策。它是要追查到问题发生的根本原因，从源头上解决问题的措施，强调问题解决的去根性和问题的再发防止。

在制定改善对策时要按照"5W2H"方法进行具体的分解和安排：

1) Why：为什么要做。
2) What：需要做些什么。
3) Where：在哪里进行。
4) Who：由谁来做。

5) When：什么时候开始和完成。
6) How：怎么完成。
7) How Much：需要花费多少成本。

改善对策实施表见表5-6。

表5-6 改善对策实施表

不良项目	要因	对策	目标	措施	地点	完成时间	责任人	实施费用
		What	Why	How	Where	When	Who	How Much

制定改善对策的注意事项有以下几点：

1) 要把对策（What）与措施（How）区分清楚。"对策"是解决主要原因的方案，要紧跟在"要因"之后，然后要对应上该对策要达到的"目标"（Why）；而"措施"则是实施该方案的具体做法，一个"对策"可以与几项"措施"相对应。

2) 制定对策要有效，防止搞成一个人的对策，要安排全体小组成员都有改善工作。

3) 选择的对策应具备可操作性，小组成员应该能够保证实施。

4) 高投入、高难度的改善对策不宜采用。

5) 要从根源上解决问题，一般不采用临时性、应急性对策。

6) 对策目标要可检查、确认，防止出现形式主义的措施。

贯彻实施对策要注意以下事项：

1) 小组成员要齐心协力，严格按照对策内容进行改善实施。

2) 计划中递进的措施应该按照要求一条一条地认真执行。

3) 注意数据收集，每条对策实施完后和计划目标进行对比确认。

4) 要及时汇报、联络、商谈，共享实施进展信息。

5) 要做好风险管理，防患于未然，迅速应对变化，贯彻实施对策。

6) 如果实施进行不下去，要及时修改对策。

7) 不管遇到什么样的困难，都要边尝试边总结经验和教训。

8) 实施没有对错之分，只有好坏差别。

9) 要做好活动记录，展示小组活动的难易程度。

（6）第六步：确认改善的效果

改善的效果可以采用两种方式去判断：

1）有形的效果。比如，"不良率降低了""成本减少了""交货期缩短了"等，可以采用定量数据对比判断效果。

2）无形的效果。比如，"品质意识提升了""团队士气高涨了""统计手法的学习应用"等，不能采用定量数据对比判断的效果。

改善效果要对改善前后的结果进行对比判断，如果没有达到目标值要返回到上一步骤继续进行改善，图 5-16 所示为改善前后效果对比。

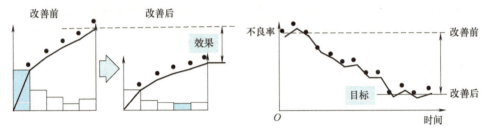

图 5-16　改善前后效果对比

确认改善效果既看最终的结果，也要关注过程，特别是在实施的过程中采用了多个对策时，要分别对每个对策的改善效果进行确认，以便确定哪个改善对策是最有效的。图 5-17 所示为改善实施过程评价。

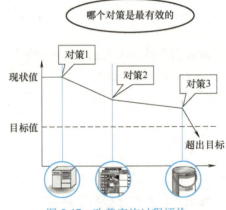

图 5-17　改善实施过程评价

对定量的改善效果进行验证的同时，也要对定性的改善效果进行总结。重点关注小组活动中每个成员和团队的职场水平是否得到了锻炼和提高，围绕人与人之间关系的转变，每个组员改善能力的锻炼，每个组员沟通、协调、配合能力的提高等方面，在活动前后的转变进行评价，这种变化是小组活动更加看重的。评价一般采用图 5-18 所示的雷达图的方式进行呈现。

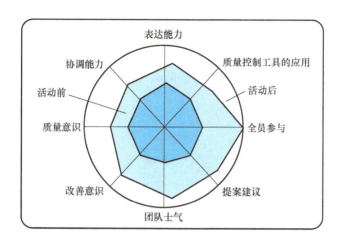

图 5-18 小组活动定性评价雷达图

(7) 第七步: 标准化与再发防止

为了维持小组活动的改善成果, 防止同样的问题再次发生, 必须采取巩固措施, 对相关的工作流程图、操作标准等方面进行完善和修正, 按照标准修正的管理程序报主管部门批准后, 对新的流程和标准进行培训和推广应用。

标准化的内容不能与对策脱节, 一定注意不要用喊口号等形式主义的方式来制定巩固措施。在巩固期内要注意做好现场确认的工作, 要用数据说明改善成果的巩固状况, 一直到稳定状态为止。

5.2.5 QCC 小组改善活动实战案例

实战案例的基本情况如下:

1) 小组组名: 挑战小组。
2) 小组成员: 生产现场自然班组的小张、小刘、小李、小王、小吴、小韩和小赵。
3) 小组口号: 同心协力, 勇于挑战!
4) 改善主题: 降低烟尘污染, 改善生产环境!
5) 生产现场的工艺流程: 造型—下芯—浇筑—下件—清理—出库, 小组成员负责冷热芯制造和喷涂工序。
6) 生产现场应用的设备: 小组成员操作的设备有冷芯机 4 台、热芯机 3 台。
7) 选题理由: 在生产现场有大量的烟雾和灰尘等有害物质挥发, 造成生产现场的环境污染严重，同时对作业者的身体健康造成伤害。

8）现状把握：通过4周的生产现场的实际调研，针对设备上的灰尘堆积情况按照每立方米落的灰尘进行了定量收集和称重，获得了设备上落的灰尘量平均为 8.88mg/m³ 的基础数据，具体的数据整理如图5-19所示。

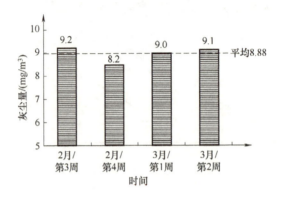

图5-19　设备上灰尘量

案例的具体实践开展方式如下文所述。

1. 制定目标

针对在现场实地调研掌握的情况，实测取得的数据，小组进行了专题研讨，集思广益，共同研讨，确定了小组改善的目标，即要从平均 8.88mg/m³ 降低到 1mg/m³ 以下，并改进生产现场的环境状态，如图5-20所示。

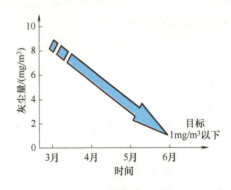

图5-20　小组活动目标

2. 制订活动计划

确定了小组活动目标后，要按照P（Plan）、D（Do）、C（Check）、A（Action）的改善循环，制订各项小组活动工作计划。要给每个成员都安排相应的改善工作。小组改善计划见表5-7。

表 5-7 小组改善计划

序号	干什么	谁	3月	4月	5月	6月
1	选定课题	全体	→			
2	现状把握	小张、小刘	→			
3	目标设定	全体		→		
4	要因分析	全体		→		
5	活动计划	小李		→		
6	调查与对策	小王、小吴			→	
7	效果确认	小赵				→
8	再发防止	全体				→
9	今后推进的方向	小韩				→

注：→表示时间进度。

3. 要因分析

把握现状，制定了改善目标，下一步组长组织组员进行生产现场烟尘产生的主要原因分析，围绕人、机、料、法、环等方面，采用头脑风暴的方式进行分析和研究，识别出了人的环境改善意识欠缺、设备和作业工位没有排尘防护装置，以及风机的启动和维护保养不足等主要影响因素，并应用鱼骨图对具体的要因分析内容进行了展示，具体样式如图 5-21 所示。

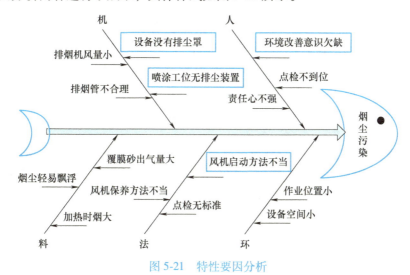

图 5-21 特性要因分析

4. 改善对策与实施

针对特性要因分析出的几个核心问题，由小王和小吴牵头，小组其他成员一起参与了具体改善工作的实施。

1）针对环境改善意识欠缺问题，小王邀请了公司的专业人士给小组成员进行了 ISO 14000 相关知识的培训，既让大家学习到了现场环境管理的必要性和重要性，也让大家意识到生产现场是自己的工作场所，每个人有责任也有义务自觉维护，从自己身边的事情做起，主动改善身边的环境。

2）解决了思想意识问题后，针对制造过程中冷热芯设备开放式的四壁裸露造成的烟尘四处飞扬，大家一起动手，在设备的四壁加装了挡板，解决了烟尘四处飞扬的污染问题。然后，大家又一起动手在设备的顶部加装了吸尘罩，将生产过程中发生的大量的烟尘吸到专用器具中进行收集，既解决了烟尘的集中收集问题，也方便了后续处理。

3）针对喷涂作业位置离冷热芯设备距离较远，需要走动以及完全没有防护的裸露作业问题，将喷涂的作业位置进行了优化调整，并排放置在了冷热芯设备的旁边，并用吸尘罩进行了调整和覆盖，这样将喷涂工位的粉尘污染问题也一并解决了。

4）小组活动还对吸尘风机使用和保养状态进行了现场调研和分析，发现风机是直接启动的方式，这种方式在启动时电流较大，负荷较高，风机的电机和传动带容易损坏。针对这些问题，大家一起研讨，并请教了设备科的电器维修工程师，制定了在风机启动和停止时有 3s 的延时保护的方法来延长风机的使用寿命并减少设备损坏的频次。

5. 效果确认

经过团队的共同努力，在 4、5 月完成了以上各个改善工作，在 6 月对实际的改善成果进行了归纳和总结，从定量和定性两个方面对小组改善成效进行了确认。

1）实现了灰尘量从开始改善时的平均 8.88mg/m^3 降低到 1mg/m^3 以下的挑战性目标，达到了 0.9mg/m^3 的可喜目标。

2）生产现场的作业环境得到了较大改进，衣服干净了，心情舒畅了，生产效率提升了。

3）在改善的过程中，小组成员对环境意识和自主改善意识有了较大转变，团队协作和努力性等方面也得到了较大提升，在质量控制工具的实际应用等方面也得到了更多的锻炼，小组成员综合能力大幅提高，实现了小组活动双丰收的目标。改善效果如图 5-22 所示。

6. 再发防止

改善成效非常显著，怎样能够持续保持，确保同样的问题不会再次发生更加重要。针对前期的改善情况，小组一起讨论并确定对现场定期的 5S 管理，吸尘风机的点检、维护保养，以及环境知识的持续学习和掌握等方法制定标准和规则，对再发防止从标准和制度上建立了保障。表 5-8 所列为小组活动课题的再发防止控制措施。

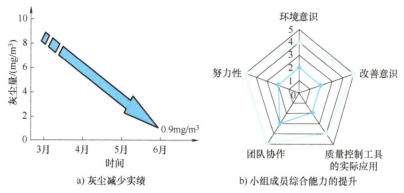

图 5-22 改善效果

表 5-8 再发防止控制措施

区分	做什么	谁执行	时间频次
1	制作了吸尘风机的操作要领书并对其进行了标准化	小张	每日
2	制作了吸尘风机的日常点检表，按要求进行检查和保养工作	全体成员	每日
3	对吸尘风机定期润滑保养	全体成员	每周
4	对生产现场进行整理、整顿和清扫	全体成员	每班
5	定期进行环境培训	小王	每月

7. 活动记录

小组活动推崇全体小组成员全勤参与，每周定期组织活动，每次活动占用时间在 1~1.5h，不会给大家带来比较大的负担，同时还能把改善提案活动结合小组改善活动一起推行起来，实现了一举多得的效果。表 5-9 所列为小组活动过程中的记录管理表单。

表 5-9 小组活动记录

QCC 小组活动记录	活动次数	第一次	第二次	第三次	第四次	第五次	第六次	第七次	第八次	第九次
	时间/h	1	1.5	1	1	1	1	1	1.5	1
	参加率	100%	100%	100%	100%	100%	100%	100%	100%	100%
改善提案活动	月份	3	4	5	6					
	提案件数（件）	4	2	6	1					

8. 继续推进方向

全体小组成员还要继续学习和掌握环境管理知识，同时做好生产现场的 5S 管理，做好现场生产除尘设备的日常点检和保养维护工作，发挥每个小组成员的主观能动性，积极参与自己的工作岗位的改善工作。

第 6 章

生产线的物料供应改善

生产线是对原材料进行加工和组装成产品的地方，对生产线使用的物料供应方式和方法进行优化和改善也是生产线改进的重要内容。那么，对生产线的物料供应进行改善应该如何进行呢？

6.1　生产线物料供应的主要困难

生产线的物料供应有在生产线头、线边的放置和等待状态，被拿取进入生产线的状态，在生产线上各个工序之间被加工的流转状态，最终被加工生产成产品后下线包装的状态。物料在这些状态之间流动和变化的过程中会产生很多意想不到的困难和问题，主要有以下几个方面：

1）生产线上放置物料的容器不合适，造成放置、拿取和管理不便。
2）生产线用的物料较重、较大，上下线拿取比较困难。
3）生产线用的物料在设备和工序之间流转时，作业者的劳动负荷较重。
4）生产线上使用的物料品种、规格较多，在生产线边放置不开。
5）生产线边物料放置的数量较多，占用过多位置和空间。
6）生产线上使用的物料较大，形状也比较接近，容易拿错用错。

6.2　生产线物料供应改善活动

通过对生产线使用物料过程中的困难和问题的识别，下面介绍改善解决这些困难和问题的方法和手段。

6.2.1　生产线边物料容器改善

大量研究表明，在批量制造的生产线上，物料耗用在被搬运或者等待上线使用过程上的时间占总时间的比例达90%以上。物料采用散放状态时既占用现场的空间又不容易保管，故放置到生产线上的物料需要用容器来提高放置效率和加强保管。

所谓容器，就是用来包装或装载物品的贮存器具（如箱子、罐子、瓶子、台车等）或者成形或柔软不成形的包覆材料。这些容器可以是不同型号或颜色的盒子、箱子，也可以是各种形式的台车等，应用各种专业化的容器才能实现物料集中放置、灵活搬运，以及加速物料流动的目标。

容器的标准化工作进行得比较晚，汽车、集装箱等运输工具的标准化已经确定，故标准容器的标准制定采用"逆推法"，由运输汽车的尺寸，考虑已经使用的集装箱的尺寸以及人员可以搬动的最大尺寸等因素来推算最佳的容器基础尺寸。

标准运输货车宽度为2400mm，可分解为6×400mm或4×600mm两种规格，故确定最基本的容器基础尺寸是600mm×400mm。在满足600mm×400mm基础尺寸的前提下，可依据单元化的物流包装尺寸整体要求，满足货物尺寸与运输工具装载尺寸一体化设计的要求，来保证运输工具最大的容积利用率，提高物流效率。

1. 容器标准化改善的必要性

1）容器的规格多样化时，管理困难。

2）容器的规格多样化时，投资较大。

3）规格多样化的容器在仓库或者生产线边码放时容易不稳产生倒塌。

4）规格尺寸不同的容器进行码放时容易产生死角，占用空间，影响存储和物流运输的效率。

2. 容器的规格优化

考虑到物料的不同形状和大小，在容器的设计上以600mm×400mm为基础尺寸，要规划和设计出小、中、大等几种不同的规格来予以匹配，同时要确保各种容器将来在进行码放和运输时可以按照运输车辆或者集装箱的长、宽、高进行高效匹配。图6-1所示为容器的标准化规格。

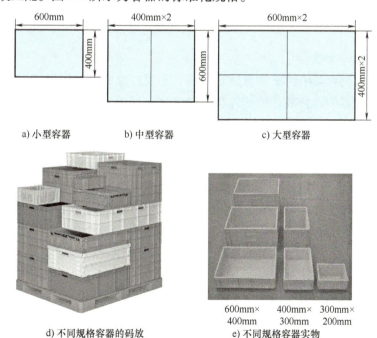

图6-1 容器的标准化规格

3. 按照物料的形状和特点改进容器

1）对于过长不能放置在标准容器的物料，可以采用宽度仍然是400mm但是可以加长的容器，这样的容器可以借鉴标准化的要求，放置和运输时也会比较方便，标准长度一般可以根据物料的长度选择800mm、1000mm、1200mm等合适的尺寸。

2）对于异形的物料，要按照物料的形状、大小和重量的特点，设计专用的容器。

图6-2所示为按照物料的形状和特点改进容器的样例。

图6-2　按照物料的形状和特点改进容器

4. 容器的防护改进

物料摆放到容器中时要注意防止磕碰，不要产生破损，同时要方便作业者拿取。基于容器中物料数量的标准化管理需要，还要进行容器标准收容数量的改进。

因为在制作容器时这些要求作为特殊需求被提出，一般会需要重新开模具制作，增加成本和延长交货期，所以改善中一般采用标准容器，根据物料的形状、大小和重量，使用纸板、工程泡沫等材料制作符合需求的隔断来解决这些问题。图6-3所示为按照这种改善思路制作的各种容器隔断，既保证了产品在运输的过程中不会因为磕碰产生不良品，也方便了作业者的拿取和放置，同时也将每个容器可以放置的产品数量进行了标准化管控，实现了预期的改善效果。

5. 容器的折叠优化

如果容器是周转性使用的，而且周转的路途比较远，还需要考虑空容器运输的效率和成本问题。如果将周转容器设计成折叠的，在空容器运输时折叠码放，占用的空间可以缩小到原来体积的1/4，能够极大地提高物流效率，降低运输成本。具体样式可以参考图6-4。

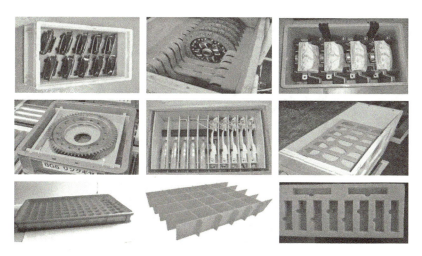

图 6-3 容器隔断应用改善

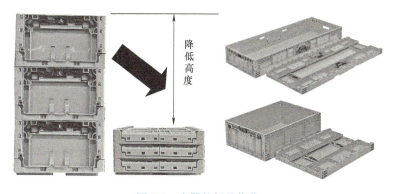

图 6-4 容器的折叠优化

6. 容器的标识改善

在推行容器标准化改善的同时，还要对容器中盛装的物料状态进行标识改进。如果容器盛装的物料是固定的，可以采用将标识打印后进行塑封，然后直接粘贴在容器箱头和箱侧。如果容器是通用且周转性使用的，可以在容器箱头和箱侧加装塑料的夹板，根据实际盛装的物料将不同的塑封后的标识进行插拔使用即可，具体的样式可以借鉴图 6-5。

7. 使用小的容器

因为客户需求多品种、小批量的特点，生产线上需要使用的物料种类也会很多，同时数量还不大，对应用小容器有必然的需求，同时精益改善也非常强调物料流动起来的必要性以及重大意义，所以小容器也是精益改善的一个方向。此外，基于以下一些考虑，在进行容器的改善时亦非常强调应用小容器的必要性：

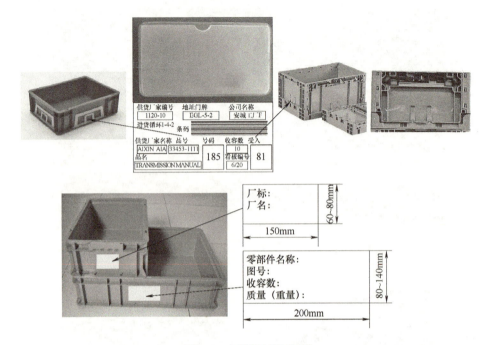

图 6-5　容器的标识改善

1) 大容器盛装的物料比较多，不方便做隔断等进行防护，而且因为容器大，盛装的物料多，一个容器中到底有多少物料也不太容易把握。小容器因为盛装的物料数量少，防护措施更容易实现，而且因为小容器盛装的物料数量比较少，也更容易管理容器中物料的数量。图 6-6 所示的大小容器的对比状态就非常有说服力。

a) 大容器　　　　　　　　　b) 小容器

图 6-6　大小容器在物料防护和数量管理方面的对比

2) 小容器比大容器更加方便拿取物料。大容器在拿取容器下部或者对角线处的物料时因为容器较深、较大，很多时候需要作业者弯腰或者移动到容器对角线处才能拿到物料，非常不方便。使用小容器放置和拿取物料时，因为容器比较小，放置和拿取物料非常容易，所以小容器比大容器在拿取上更加方便。大小容器拿取对比如图6-7所示。

a) 大容器拿取　　　　　　　　　b) 小容器拿取

图6-7　大小容器拿取对比

3) 小容器比大容器更加方便搬运。大容器盛装的物料比较多，体积和重量大，需要使用叉车进行搬运。叉车在车间中行驶有安全隐患，产生尾气和噪声，影响生产现场的环境，而且叉车司机需要具备专门的驾驶资质，门槛较高，不容易培养。此外，叉车的投资也比较大，总体上搬运成本不低，搬运的灵活性较差，物流效率较低。小容器盛装的物料较少，体积和重量也不大，应用小推车就可以进行搬运，投资少，搬运也不需要资质，搬运的灵活性较强，物流效率也比较高。大小容器搬运的适用性对比如图6-8所示。

a) 大容器搬运　　　　　　　　　b) 小容器搬运

图6-8　大小容器搬运的适用性对比

6.2.2 生产线上下料和序间流动改善

1. 生产线上下料的便捷性改进，减轻员工的劳动强度

生产线使用的物料会经过上料和下料这样的阶段，如果物料比较重，超过了20kg，靠作业者人工拿取和放置，作业者的腰、背、胳膊等身体部位承重比较严重，会伤害作业者的身体，容易造成职业伤害。针对这类情况，我们有以下几种改进方向：

1）针对物料较重、上料距离较远的情况下，可以考虑使用传送带的方式来解决上料困难的问题。

2）针对比较沉重的整托盘物料的上料方式，可以应用液压形式的自动撑起装置来帮助作业者减轻上料的劳动强度。当托盘上的物料被一件件取用时，自重就会减少，液压装置的重力反弹发挥作用，将物料托盘一点点顶起，减少了作业者取料的搬运高度，可以帮助作业者减轻上料搬运的劳动强度。

3）针对从其他区域产线转运来的比较沉重的物料，可以设计专门的带滑动导轨的转运小车，小车的高度要和两个生产线上料端口的高度一致，同时两条生产线也要设置放置物料的辊道料架，这样在上一条生产线生产完成的半成品在下线时可以直接从辊道移动到转运小车上，当小车的装载数量达标时可以直接推物料小车到下一条生产线，对准上料端口后直接推动小车上的物料顺着辊道滑动上料，实现两条生产线之间上下料和搬运的一体化，减少作业者搬运的劳动强度，提高物流效率。

4）针对使用小容器的物料上下料，可以设计专用的上料架，借助重力的作用，从线外上料直接滑到作业者的操作位置，当作业者将这个容器中的物料使用完毕后，再使用反斜面的重力辊道，将空容器排出，这种方式可以提高小容器的上下料的工作效率，降低作业者的劳动强度，也会取得不错的改善成效。

具体的改进方式可以参考图6-9。

a) 传送带上料　　b) 液压撑起上料　　c) 搬运与上下料一体化上料　　d) 利用重力上下料

图6-9　生产线上下料改进

2. 生产线工序间物料流动性改善

在生产线中各个工序之间进行物料流转时如果需要作业者手工进行，也会给作业者带来很多的工作量，加重作业者的劳动负荷，影响作业效率，在这方面也需要开动脑筋积极地想办法进行改进。

1）针对物料不大，磕碰、划伤等外观要求不高的情况，可以采用工序间设置物料滑道的方式进行改进。作业者在生产线内转序时可以将物料放在滑道上一边走动一边用手带动着物料一起滑行，解决生产转序过程中物料的移动问题。

2）针对物料比较重，同时有防磕碰、划伤等管理要求的物料，可以采用专用的机械手帮助进行物料转序。这种情况要投资机械手，关键是要设计和制造专用的爪手在做好防磕碰、划伤的前提下来抓取物料和转序，以便解决作业者劳动负荷高的问题，提高生产效率。

3）针对又沉又大的物料，要根据物料的形状、结构和重心，设计专用的定位工装，以便物料通过定位工装稳妥地在辊道上滑行。考虑物料结构和重心的影响，也为了节约辊道投资的成本，很多情况不能使用全尺寸的辊道来转序，这时就可以设计两排单独的窄轨道来进行物料转序。这样既减轻了转运的劳动强度，又保证了物料转移过程中的安全和稳定，同时还减少了辊道的投资，是一举多得的改善做法。

4）针对物料不大不沉，但是对外观保护要求比较高的物料，可以采用在生产线中设置传送带，将物料放置在传送带上进行物料转运的方式。传送带采用电机传动，在两端安装有位置传感器。当物料放在传送带一端时，传感器得到位置信号，驱动传送带自动启动，将物料传送到另一端，此处的传感器给出到达的位置信号，传送带自动停下来。采用这种方式投资不大，搬运及时、快捷，外观防护到位，员工不用随行，生产效率和物流效率都可以得到较大的提升。

5）针对物料有些大，也有些沉，还有外观防护要求的情况，可以考虑用托盘+滑道的方式进行物料的搬运转序。在滑道上加转带防护功能的托盘，将物料放置在托盘上防止磕碰、划伤，员工在走动的过程中带着托盘上的物料到达下一工序，拿取物料后将托盘推回原位置，方便下次应用。这种方式投资不大，外观防护有效，需要作业者随行，搬运强度较低，劳动负荷可控，生产效率和物流效率也可以得到不错的提升。

6）针对加工又大又沉的物料的设备，可以在设备采购时直接提出要求，将设备之间通过滑道联结起来，同时将滑道的高度和设备中工装的高度统一，再考虑搬运毛坯时小车的高度，实现从搬运、上线、序间转运一直到设备的上下工装均可以一体化、同高度地进行滑行转移，实现方便搬运转序，减少人为搬上、搬下物料的手工作业，减轻作业者搬运的作业强度，提升生产线的生产效率和物流效率。

具体的应用实例可以参考图6-10。

a) 工序间物料滑道

b) 重件机械手转序

c) 大、重件双辊道转序

d) 传送带转序

e) 托盘+滑道转序

f) 设备、滑道一体化转序

图6-10　生产线工序间物料流动性改善

3. 生产线工序间物料翻转改善

在生产过程中还会遇到需要对物料进行各种角度的翻转的作业内容，如果就是靠作业者手工进行操作，会产生翻转困难，耗费体力，容易产生劳动伤害的隐患，如何解决这些问题呢？可以从以下几个方面分别有针对性地进行改进：

1）对物料做水平面旋转的改进。有些物料在加工过程中需要在水平面上针对不同的作业面进行操作，这时需要设计专门的定位工装，将物料参照定位面和作业面的要求进行定位装夹，同时将定位工装加装在下面可以水平面进行360°旋转的托盘上，物料装夹在工装上，工装随着水平面的托盘可以按照不同的作业面的位置进行旋转，保证作业面正对着作业者，方便作业者进行操作。实现减轻作业者翻转物料的劳动强度，保证物料的装夹定位精准可靠的改善效果。

2）对物料做立面垂直翻转的改进。有些物料在加工过程中需要将定位面和作业面进行垂直方向上的调整变化，既费劲又费时，不容易操作。这时就需要设计一个定位工装，安装在一个可以进行360°垂直翻转的专用装置里，应用时通过动力装置将物料的作业面和定位面进行垂直翻转，然后将工装和物料从专用的翻转装置中移出，再移动到下一个作业位置，才能实现加工作业的要求。

这样的改进可以解决作业者翻转物料的劳动强度大和难度问题，提高作业者的生产效率，降低作业者的劳动负荷。

3）有角度的生产线间连接回转改进。因为工艺和现场空间的局限，有些生产线之间的连接有一定的角度，如果靠作业者人工搬运物料，费时费力，还有安全隐患。这种情况下，可以在两条生产线的连接处设计一个转盘性质的作业平台，当物料从上一条生产线传送过来时，就在这个转盘作业平台上进行产品的加工作业，完成后将转盘作业平台旋转一个角度，就可以将物料推送到另外一条生产线上去了，简单、方便、高效，解决了这个问题。

图 6-11 所示为生产线工序间物料翻转改善示例，可以参照、借鉴。

a）水平面旋转　　　b）立面垂直翻转　　　c）有角度的生产线间连接回转

图 6-11　生产线工序间物料翻转改善示例

6.2.3　生产线边物料高效配置改善

1. 前端还是后端供应物料

生产线边配置的物料是作业者按照工艺标准和作业标准的要求进行加工或组装时需要使用的，是生产线上的作业者和负责物流配送人员在生产线边衔接的地方。在这个位置要安排好作业者和物流人员的工作路径和顺序，互相之间不要产生交叉走动，注意不要互相影响。作业和物流配送分离如图 6-12 所示。

图 6-12　作业和物流配送分离

在作业者面前宽70cm和远60cm的区域是作业的增值区域，作业者的工作比较方便，相应的物料配置的位置要和这个区域有比较合理的对应。在生产线边进行物料供应有以下2种典型的方式：

(1) 生产线物料前端配置

1) 这种配置方式是将作业位置需要的物料配置在作业者的增值区域，作业者取用物料时从身前取料，作业比较连贯和方便，生产效率比较高。

2) 对前端配置的物料需要使用小容器盛装，根据作业中拿取物料的顺序来配置每个容器的位置。

3) 物流人员进行物料配送时也是从作业者的前面进行，作业者和物流人员的工作区域予以分离，互相之间不会影响。

物料前端配置是兼顾作业者、物流人员和线边物料配置之间比较合理和高效的配置方式，如图6-13所示。

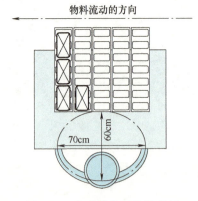

图6-13　生产线物料前端配置

(2) 生产线物料后端配置

1) 当生产用物料比较大不能应用小容器，或者物料的种类比较多，虽然使用了小容器，在作业者的增值区域也放不开时，可以采用物料后端配置的方式。

2) 物料后端配置造成作业者在取用物料时需要转身和走动，增加了不必要的动作，作业者的作业效率会受到一些影响，生产效率会下降。

3) 物料后端配置时需要占用相对大的空间，物流人员的配送路线和步骤要进行合理设计，不要和作业者互相产生影响。

这种物料配置方式在空间占用上，在作业者的拿取方便性上，以及在作业者和物流人员的作业分离管控上都会产生一些影响，如果条件具备或者有改进空间，尽量不要采用这种方式。图6-14所示为物料后端配置，可以借鉴应用。

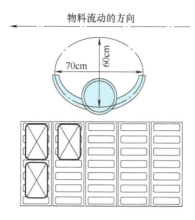

图 6-14 生产线物料后端配置

2. 物料的 ABC 分类及线边物料设置改善原则

当物料比较大和沉，或者生产线边的物料种类很多，无法将物料进行前端配置时，怎样进行改善呢？这时可以对生产线使用的物料按照特点进行 ABC 分类，然后针对不同类型的物料采取不同的配置对策。表 6-1 所列为对物料进行 ABC 划分的应用表单。

1）金额比较高、形状比较大、重量比较沉的物料一般定义为 A 类物料，这类物料一般占总物料种类的 20% 左右。A 类物料一般占用空间比较大，故采用的是按照物料使用的顺序设置为通道式的排队配置模式，要设计专用的料架，尽量想办法进行前端配置。A 类物料通道式的排队配置模式如图 6-15 所示。

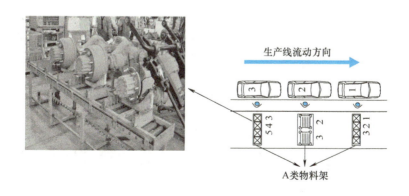

图 6-15 A 类物料通道式的排队配置模式

表 6-1 物料 ABC 分类

序号	组件	对象描述	工位	装配方式	组件数量	ABC 分类	南北侧	部位	分装总装	说明	备注
619	803101891	管接头 G18	80	总装	2	C	北	前	分		
620	803100264	接头体 G6	80	总装	1	C	北	前	分		
621	803100665	接头体 E10	80	总装	1	C	北	前	分		
622	805300024	垫圈 14	80	总装	2	C	北	前	总		
623	805000576	螺栓 M14×1.5	80	总装	1	C	北	前	总		
624	135601328	XZ50K.70.1A 支架	80	分装	1	B	南	前	总		
625	801300031	LJ114×2700×2700 软轴操纵机构	80	分装	1	B	北	前	总		
626	801900105	扎带 7.6×300	80	总装	6	C	北	前	总		
627	805000254	螺栓 M14×1.5×30	80	总装	3	C	北	前	总		
628	805300033	垫圈 14	80	总装	3	C	北	前	总		
629	805000062	螺栓 M10×35	80	总装	4	C	北	前	总		
630	805300014	垫圈 10	80	总装	4	C	北	前	总		
631	805300017	垫圈 10	80	总装	4	C	北	前	分		
632	805200048	螺母 M10	80	总装	4	C	北	前	分		
633	130201187	XZ16K.69-6A 接头体 φ22×220/5 35	80	总装	1	C	北	前	分		
634	805300025	垫圈 12	80	总装	1	C	北	前	分		
635	803000160	BJ130-1602610 离合器分泵	80	总装	1	B	北	前	分		
636	801700057	拉簧 LIIIB1.2×10×74	80	总装	2	B	北	前	分		
637	130200011	XZ16K.69-5	80	总装	1	B	北	前	分		

2) 金额比较低的螺栓、螺母等标准件定义为 C 类物料，这类物料一般金额比重在 10% 左右。C 类物料金额不大，占用空间不多，使用量较大，为了简化物料管理，一般采用的是一次直接配置两盒标准件的"两箱式"配置模式。可以采用专门设计的 C 类物料的摆放料架，向空中发展，取得空间，可以实现前端物料配置。C 类物料"两箱式"配置模式如图 6-16 所示。

图 6-16　C 类物料"两箱式"配置模式

3) 识别出 A、C 类物料后，余下的物料一般定义为 B 类物料。B 类物料占总物料种类的比重也比较大，这类物料一般采用成套式配置模式。针对这类物料，可以设计专门的物料架，充分利用空间，放下更多品种规格的物料，也可以应用重力的作用实现物料的先进先出，实现前端物料配置，还可以设计带轮子的搬运台车，将成套的物料放置在台车上，将物料的配送、线边的物料放置器具合二为一，节约空间，减少上料作业，实现作业和物流的分离，提高作业和物流效率。B 类物料成套式配置模式如图 6-17 所示。

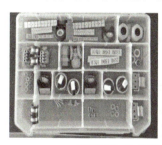

图 6-17　B 类物料成套式配置模式

6.2.4　生产线边物料放置数量改善

为了实现高效的物料前端配置模式，除了采用对物料进行 ABC 分类解决问题的方法外，还可以从保证生产要求的前提下降低生产线边物料数量的方面进行改善。进行改善前，要先将物料管理的相关信息整理好，形成一个统一管理的清单，方便后续进行改善时提取数据计算之用，这个表单叫为每个零件做计划，也称零件信息表（Plan for Every Part，PFEP），见表 6-2。

表 6-2 零件信息表

零件号	描述	供应商	供应商所在城市	供应商所在省份	供应商所在国家	订货频率	发货量	运输时间(天)	运输商	包装类型	每件重量/kg	包装净重/kg	标准包装量(个)	总重/kg	包装长/cm	包装宽/cm	包装高/cm	日用量(个)	使用地点	存储地点	单耗量(个)	每小时用量(个)	每小时用量(箱)	配送频次	配送批量(箱)
123456	继电器	太阴制造	广州	广东	中国	每周	5天	1	滨海	纸箱	0.1	0.5	30	3.5	60	60	60	690	14#生产线	7序线边	1	90	3	1h	3

零件信息表中传递出的资料有以下几个方面的内容：

1）物料的基本信息，包含零件号、描述等内容，可以帮助我们对物料的基本情况有所了解。

2）物料的供应状态，包含供应商，供应商所在的国家、省份和城市，订货频率，发货量，运输时间，以及运输商等信息，可以对物料供应的情况予以把握。

3）物料的包装状态，包含包装类型、每件重量、包装净重、标准包装量、总重、包装的长宽高等信息，可以准确了解物料的标准包装状态。

4）物料的放置位置，包含物料的使用地点和存储地点。

5）物料的使用速度，包含产品的单耗量、每小时用量（数量和箱数）以及日用量等信息，告诉我们物料的使用速度。

6）物料的配送信息，包括配送频次和配送批量，可以指导物料的补充速度。

通过零件信息表可以知道物料被使用消耗的速度，根据精益物流的基本原则"多频次、小批量"的搬运，可以知道搬运的频次越多，生产线边的物料放置的数量就会越少，如果搬运频次增加一倍，相应的生产线边的物料就可以减少一半。这样就可以在保证生产线的物料使用不会短缺的前提下，生产线边的物料还可以尽量得少，缓解生产线边多种物料摆放不开的难题，有可能实现生产线边物料前端配置的目标。如果通过减少生产线边物料的数量实现了物料前端配置的目标，就方便了作业者拿取物料，提高了生产效率和物流效率，实现了双赢。

6.2.5 生产线边物料取用防错改善

相似的生产线边物料在使用过程中容易产生错用的风险，对产品质量和保障交付产生影响。针对这方面的问题，可以从以下几个方面进行改进：

1. 错用物料的目视化管理改善

在已经发生过或者容易发生错用物料的工序，对错用物料的现象和原因进行分析，识别出不同物料的异同点，做成防止物料错用的"品质急所"提示标识，悬挂在线边料架相对应的物料上方，随时提醒作业者在取用物料时注意确认，不要用错物料。这种目视化的改善方式可以参考图6-18。

2. 错用物料的物理措施防错改善

针对错用物料的情况，采用"品质急所"提示标识这种目视化的管控措施主要还是从思想和意识上起到提醒的作用，在作业者的实际工作中难免不产生疏漏，因此还需要采取更加具体和有效的措施来加强防错，这时可以考虑采用物理措施来解决这个问题。

图 6-18　错用物料的目视化管理改善

在容易和可能发生错用物料的线边料架各位置加装可以遮挡和翻转的物料隔板，在隔板上标识清楚物料的品名和编码，作业者在进行操作取用相应的物料时需要先确认物料是否正确，然后才可以打开物料隔板取用物料，应用这种简易有效的措施，强制作业者取用物料时必须要进行物料准确性的判断，然后才可以取用物料。这种物理措施可以杜绝物料取用错误，达到在作业的过程中进行防错的目的。具体的示例可以参考图 6-19。

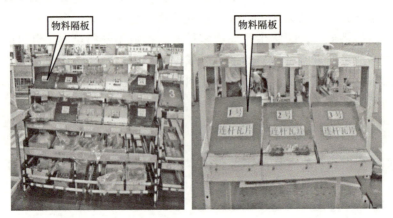

图 6-19　错用物料的物理措施防错改善

3. 错用物料的电子措施防错改善

加装物理防错措施有助于物料的防错管理，这种防错措施简单有效，却也增加了作业者不必要的操作内容，对生产效率还是会产生一些影响。随着信息化技术的进步和发展，现在可以采用电子化的措施和手段来加强物料防错的管控。

采用电子化防错的手段，在生产线边物料架上每个料道的出口两侧加装光电感应装置，当作业者取用物料时就会切断光电信号，给生产现场管理信息系统发出信息，按照工艺标准要求生产现场管理信息系统会对取用物料是否符合要求做出判断，如果物料取用错误，线边料架上的警示灯就会闪烁发出警报，提醒作业者物料取用错误，帮助作业者在操作的过程中自动杜绝物料取用错误的发生，实现更加高效的防错管控。图 6-20 所示为现场实际应用图例，可以参考应用和改善。

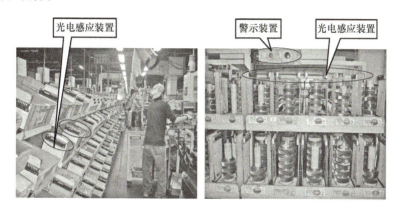

图 6-20　错用物料的电子措施防错改善

通过对生产现场线边物料小容器的改善、上下物料及工序间移动的省力化改善、生产线边物料的前端配置的改进，以及减少生产线边物料数量和对物料错用的防错等改善工作，可以将生产线边物料的盛装、放置、移动等各项工作进行系统的改进和优化，实现更加高效的作业和物流的配合，提高生产效率和物流效率。

第 7 章

生产线的班组管理改善

现场班组是企业组织生产经营活动的基本单位，是企业最基层的生产管理组织。企业的所有生产活动都在现场班组中进行，现场班组管理的好坏直接关系着企业经营的成败，只有班组充满了勃勃生机，企业才会有旺盛的生命力，才能在激烈的市场竞争中立于不败之地。现场班组管理是指在企业的生产经营活动中，由班组自己进行的计划、组织、协调、控制、激励等管理活动。为了完成班组的生产任务，必须做好各项管理活动，充分发挥现场班组全体人员的主观能动性和工作积极性，大家齐心协力、团结协作，高效地组织人力、物力，最终保质、保量、如期、安全地完成上级下达的各项生产任务。如何实现这些管理目标，提升生产线的班组管理水平，就成了继续改善的重点。

7.1 生产线班组管理的主要问题

1. 生产线班组管理粗放

很多生产线班组长都是从生产线上的作业人员提拔起来的，他们一般都是操作技能出众，工作积极肯干，在生产线有一定影响力的优秀员工。但是，他们中的很多人并没有经过系统的现场班组管理培训和指导，对人、机、料、法、环、测这些资源应用如何合理、高效地管控没有有效的手段，对生产线上发生的很多困难和问题没有敏锐的识别能力，很多时候也没有有效地解决问题的能力，同时大多数班组长宁可帮着作业人员去干活也不愿意或者没有能力管好人。这些都注定了这些班组长对生产线的标准化管理是不到位的，出现了问题也不能有效地解决，现场管理比较粗放。

2. 生产线班组管理的维度不全面

因为很多生产线的班组长出身于生产部门，所以对生产任务的完成情况非常关注，对于现场安全、质量、效率、成本、设备保养、环境和人员管理方面比较欠缺，要么顾不上，要么不愿意管，造成生产线的管理维度不全面。

3. 生产线班组管理重结果轻过程

生产线的管理维度不全面，很多班组长只关注最终的结果，比如生产任务完成了没有、产品的质量情况如何，对于生产线具体应该做哪些管控才能保质保量地完成生产任务不是很清楚，由此造成结果好不知道怎么好的，结果不如意也不知道问题在哪里，应该怎样改进才能解决这些问题。

4. 生产线班组管理没有标准和规范

很多生产线班组长日常的管理工作没有标准和规范，更多的是凭着经验和感觉在进行现场管控工作，大家的工作标准不一致，使得生产线的管理水平参差不齐，不利于生产线的管理水平整体性提升。

5. 生产线班组管理没有成熟的异常处置流程和机制

在生产线每班的生产工作中会发生各种各样的问题，比如人员缺勤、技能不足对完成生产任务的影响；设备不稳定，频繁地发生故障造成停机影响交付；供应商的产品质量不稳定，物料出现问题无法使用；技术、工艺不成熟造成生产不能正常进行等。对于这些问题，应该怎样解决，向谁寻求帮助，如何才能防止再发，如果没有成熟的异常处置流程和管理机制，单单靠生产线的班组长个人是无法解决的。

6. 生产线班组管理缺乏改善的机制和能力

生产线的管理工作首要的是要遵守各种管理规范，保质、保量、按时完成生产任务，确保生产线的运转是一个安定的和可靠的状态。在这个过程中，要善于发现问题和解决问题，如果没有有效的改善管理机制和相应的改善能力保障，生产线是很难做到的。

针对以上这些生产线班组管理中暴露出来的问题，下面一一介绍应该如何进行改进。

7.2　生产线班组"7个维度 3个层面"管理改善方法

针对生产线班组管理的主要问题，要从生产线班组管理的"7个维度"和实际运行方式的"3个层面"进行改进。

7.2.1　生产线班组管理的"7个维度"

1. 安全管理维度

安全生产非常重要，实际管理起来却是另一种景象。安全的作业、熟练的作业是一切作业的入口，是生产线管理的首要工作。在生产线班组管理中，不仅要关注安全管理，还要关注作业人员的健康保障，预防不标准的动作造成身体某些部位的过度疲劳，从而导致职业疾病。因此，针对循环往复的作业和特定情况下才会发生的低频作业内容，都需要对安全和健康管理方面的内容制定详细的管控要求，制作作业要领书，对作业人员进行具体的指导和训练，在日常的生产线作业中予以执行和保证。

图7-1所示为低频作业要领书的安全管理要点。

2. 质量管理维度

质量管理维度也是很多生产线班组管理容易忽视的一个方面。虽然很多公司强调质量为先，但在实际工作中还是以产量管理为核心，质量管理的手段和方法都比较欠缺。加强生产线班组的质量管理要从"三不"（不接收、不制造、不流出）管理出发，抓生产线的人、机、料、法、环、测等各种制造资源按照作业标准操作，对产品质量的保证非常必要，生产线的变更点管理就是必要的管控措施。表 7-1 和图 7-2 所示为生产线班组质量管理应用的变更管理方法和标准。

低频作业要领书		制造部1课 组装1线		要领书号:	课长	系长	组长
作业名称	气门锁片、弹簧座的清洗作业	线别:	最新	2022年 5月 16日			
重要工程	S E R 指 重 后	设备号:	修改	年 月 日			
			修改	年 月 日			

序号	内容	质 安 环	要点	简图
1	双手佩戴塑胶手套	安	防止稀料将手烧伤	
2	用两个铁桶分别将一盒气门锁片和一盒气门弹簧座倒入其中	质	气门锁片和气门弹簧座必须分别清洗	
3	将干净的稀料倒入装有气门锁片的铁桶中，用右手左右搅拌气门锁片，将气门锁片洗干净	质	气门锁片清洁度要求较高，必须用干净的稀料	
4	将盛气门锁片的筛子放到另一个装有气门弹簧座的铁桶上，将清洗后的气门锁片倒在铁筛子中，稀料漏入装有气门弹簧座的铁桶中	安	气门弹簧座可以用洗过锁片的稀料清洗	
5	用右手左右搅拌气门弹簧座，将气门弹簧座清洗干净	安	根据生产量重复此作业	
6	将用后的稀料倒入专用的稀料桶中	环	使用漏斗	

安 安全管理要点标识

质 质量管理要点标识

环 环境管理要点标识

图 7-1 低频作业要领书的安全管理要点

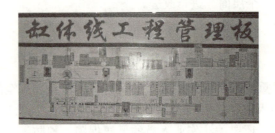

图 7-2 缸体线工程管理板

3. 交付管理维度

交付管理维度是每条生产线班组管理中最受重视的，如何保质、保量、准时完成生产任务一直是生产线班组管理的核心。但是只关注每天最终的生产结果是不够的，对于生产线的生产过程达到稳定和可靠的状态需要加强管控。要做到这一点，对生产线的标准作业管理就很有必要。保证生产线的作业安定和稳定要从 3 个方面去抓，一是生产节拍（TT）；二是作业顺序；三是标准中间在制品，即保证生产连续性的最少的现场在制品数量管理。做好生产线标准作业三要素管理（见图 7-3），对于生产线的有效产出有一定的保障。

表 7-1 机械现场变更点管理要领

要因(4M)	序号	变更点项目	变更点对象	事前准备 内容	事前准备 记录	事前准备 目视化	变更点管理的目视化 管理适用状态	变更点管理的目视化 记录	变更点管理的目视化 重点确认	管理方法 变更点管理的方法·品质结果的记录 确认事项	谁	频度	记录	相关部门对策 课内	相关部门对策 品质课
人	①	作业者交替	年休、事假、病假、辞职、新人培训、多技能培训、线外替岗	活用指导书、要领书进行作业指导、递交工程变更联络书	指导者认定表、新人培训计划表	作业标示板	无经验者:2周以上；有经验者:1周以上	变更点记录表	—	对无经验者进行全品质确认	作业指导者	全数	无经验者培训计划、工程变更联络书	按工程变更联络书进行品质确认	按工程变更联络书进行品质确认
人	②	职位交替	班长(EX)、组长(GL)交替时	职责内的品质项目整理、熟悉组内的品质保证体制	职务交替计划表	记录目视化	无经验者:2周以上；有经验者:1周以上	变更点记录表	—	对无经验者进行品质确认	上位者	全数	无经验者培训计划	—	—
方法	③	标准作业(作业标准)变更、工程变更	作业变更、作业组合变更、作业票变更、作业顺序变更、工程变更	作业标准的修正、作业票的修正、品标的修正、递交工程联络书	—	作业标示板	4台以上	变更点记录表	—	按照品标进行确认	EXGL	按初期管理标准执行	工程变更联络书	按工程变更联络书进行品质确认	按工程变更联络书进行品质确认
方法	④	手工修理	全线加工、组装手工修理时	制作手工修理要领书并培训、制作手工修理记录表、手工修理指名者作业认定、手工修理的基本规定	指名者认定表	记录目视化	手工修理品流动中	手工修记录表(N/G NO记录表)	手工修理部位	手工修理时的误动、欠品的品质确认	EXGL	手工修理品全数	手工修理记录表	对重点部位、手工修理部位进行品质确认	—

（续）

要因(4M)	序号	变更点项目	变更点对象	事前准备 内容	事前准备 记录	变更点管理的目视化 目视化	变更点管理的目视化 管理适用状态	变更点管理的目视化 记录	管理方法 重点确认	管理方法 确认事项	变更点管理的方法·品质结果的记录 准	变更点管理的方法·品质结果的记录 频度	变更点管理的方法·品质结果的记录 记录	相关部门对策 课内	相关部门对策 品质课
方法	⑤	设备故障时	设备故障时其他工位的对策	●制作设备故障处理要领书 ●事前训练	—	●记录目视化 ●作业标示板	●设备故障流动中	●变更点记录表	●与设备相关部位	●按照品标进行品质确认	EXCL	●设备故障品全数	●变更点记录表	●对基本的内容进行品质确认	●对相关的内容进行品质确认
	⑥	作业中断时	手工修理、加工组装作业中断时	●制作作业中断记录表和手工修理基本规定	—	●悬挂安全锁	—	—	—	●安全锁的遵守状况	EXCL	●中断时的完成品	—	—	—
	⑦	设备变更	设备注液条件、加热条件、运转条件变更、设备程序变更、电力变更、悬挂方法变更等	●作业类整准 ●作业票的修正 ●品标的修正 ●速交工程变更联络书	—	●作业标示板	●2周以上	●变更点记录表	—	●按照精准项目一览表检查进行品质确认（初品）	EXCL	●按初期管理标准执行	●工程变更联络书 ●变更点记录表	●按工程变更联络书进行品质确认	●按工程变更联络书进行品质确认
	⑧	设备异常常处置	各个操作引起的异常、设备异常、内部清理、设备异常、复位等	●制作异常处置作业书及培训 ●制作异常处置基本规定 ●制作异常处置记录表 ●异常指名作业指置训练记录	●指名者认定表 ●异常处置训练记录	●记录目视化	●异常处置流动中	●异常处置记录表	●与设备相关部位	●按照品标进行品质确认	EXCL	●异常处置品全数	●异常记录表 ●变更点记录表	—	—

	项目	内容			记录	初物	确认方法		初期管理	变更记录		测定
⑨	设备修理	机械故障、精度不良时的修理	—	—	•保全记录	•修理后初物	•按照品质标准进行确认	EXGL	•初物	•异常处置记录表 变更点记录表	—	•测定相关项目
⑩	工具交换	气扳手、QL扳手、FL扳手、治验具等	—	•记录目视化	•变更点记录表	•初物	•按照品质标准进行确认	一般	•初物	•变更点记录表	—	•测定相关项目
⑪	设备改造	设备故障的再发防止、设备本身的改造、工作环境改造、暂停使用时的处置	—	•作业标示板	2周以上	•变更点记录表	•初物的状态	•按照精检项目一览表进行确认	EXGL	•按初期标准管理执行	•工程变更联络书 变更点记录表	•按工程变更联络书进行品质确认
⑫	工具变更	新工具、治具的采用、校准、更换等	—	•作业标示板	2周以上	•作业整备 准类整备 准图的修正 递交工程变更联络书	•初物的状态	•按照精检项目一览表进行确认	EXGL	•按初期标准管理执行	•工程变更联络书 变更点记录表	•按变更联络书进行品质确认
⑬	新设设备	新设设备、移动、长期停止使用的设备复原时等	—	•作业标示板	2周以上	•作业整备 准类整备 准票的修正 修正 递交工程变更联络书（长期停止使用）	•初物的状态	•按照精检项目一览表进行确认	EXGL	•按初期标准管理执行	•工程变更联络书 变更点记录表	•检查相关项目	•测定相关项目

设备工具治理

(续)

要因(4M)	序号	变更点项目	变更点对象	事前准备		管理方法						相关部门对策	
				内容	记录	变更点管理的目视化		重点确认	变更点管理的方法·品质结果的记录			课内	品质课
						目视化	管理适用状态		确认事项	谁	频度	记录		
物	⑭	辅助材料的交换、补给	清洗剂、FIPG、乐泰胶、辅助捕剂等的交换、补给	•制作作业要领书及培训	—	—	—	•初物的状态	按照品标进行确认	一般	•初物	—	—	—
	⑮	储备品、先行的流动	非常手持用储备品认先行	•事先准备储备品状态	—	•记录目视化	•初物	—	是否误品、有无划伤、油污	EXGL.	•初物	•变更点记录表	—	—
	⑯	外购品的设计变更、工程变更	毛坯、购入零部件等设计变更、材料变更、工程变更	•设变切替计划书确认 •新品的检查对照	—	•记录目视化	•新品初品流动中	—	•确认组装性、毛坯购入品状态	一般 EXGL.	•按初期管理标准执行	•变更点记录表 •设变切替计划书 •E/G NO	•按初期管理标准执行	•按初期管理标准执行
	⑰	辅助材料的变更	清洗剂、FIPG、乐泰胶、辅助捕剂等的变更	•作业整备 •作业票的修正 •提交工程变更联络书	—	•作业标示板	•2周以上	—	•按照精项目一览表检查确认	EXGL.	•按初期管理标准执行	•工程变更联络书 •变更点记录表	•按工程变更联络书进行品质确认	•按初期管理标准执行
	⑱	设计变更	内制品的设计变更、工程变更、特采品等	•作业整备 •作业票的修正 •设变切替计划确认	—	•作业标示板	•2周以上特采品全数	—	•变更后的初品、特采品全数确认	EXGL.	•按初期管理标准执行	•变更点记录表 •E/G NO记录表	•按初期管理标准执行	•按初期管理标准执行

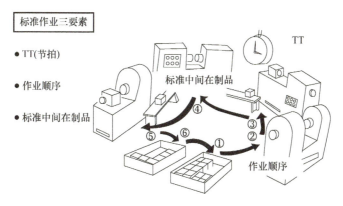

图 7-3 标准作业三要素管理

4. 成本管理维度

对于成本管理，生产线班组实际应该从哪些方面进行管控并没有清晰的思路以及具体的方法和手段。对于生产线来讲，成本管理主要围绕如何提高生产效率来降低成本和生产线各项专用费用的管理与节约进行管控。特别是针对材料费、辅材费、副资材、易损易耗品和水、电、气的节约使用等细微之处，管控是生产线成本管理的重点。各个生产线要根据实际用量有针对性地制定各项成本管理项的月度目标，针对生产线每天的实际领用和消耗情况进行目标管理。虽然这部分的成本比例并不高，可是通过这种针对细微之处的成本管控，可以帮助员工提高成本意识，从每一个角度加强成本管控。如果每条生产线都进行这项管控和改善，积少成多，最终在产品的成本构成上一定会体现出成果。生产线针对各种专项费用管理的表单可以借鉴表 7-2 所列的样式进行。

5. 设备管理维度

设备管理维度在生产线管理上一般都是缺失的，这源于生产线对设备管理的理解，很多的生产线和班组长认为设备管理是设备科该负责的事情，设备的维护保养等工作是设备维修人员该干的工作，作为生产线的作业者就是使用设备，完成生产任务就可以了。

其实，生产设备作为生产线的一个关键要素，如何不出故障，保证它的稳定性和可靠性，对生产线保质、保量、按时完成生产任务至关重要。要做到这一点，就需要加强设备的日常维护和保养，减少设备故障发生的概率。作业者在使用设备的同时，还需要对设备进行简单的清扫、润滑和防松等保养工作，协同专业的设备维修人员做好设备的专业维护工作，这是生产线设备管理的核心。图 7-4 所示为生产线制定的"15min"自主保全工作基准和班组长进行检查确认的方法和手段的内容。

表 7-2 生产线专项费用成本管理——辅助材料出入管理

辅助材料出入管理表

制造 1 部　机械 1 课　三系 A 组　白班

2020年5月		1		2		3		4		5		6		7		8		9		10		11		12		13		14		15		16		17		18		19		20		21		22		23		24		25		26		27		28		29		30		31	
A组装	品名	出	入	出	入	出	入	出	入	出	入	出	入	出	入	出	入	出	入	出	入	出	入	出	入	出	入	出	入	出	入	出	入	出	入	出	入	出	入	出	入	出	入	出	入	出	入	出	入	出	入	出	入	出	入	出	入	出	入	出	入	出	入
	乐泰胶																																																															
	FIPG（灰）																																																															
	FIPG（黑）																																																															
	FIPG（灰）瓶																																																															
	黑漆																																																															
	硝基稀料																																																															
	酒精																																																															
	清洗剂																																																															
	液体石蜡																																																															
	油漆																																																															
	自喷漆																																																															
	汤布																																																															
	硅油																																																															
	线手套																																																															
	胶粒手套																																																															

第7章 生产线的班组管理改善

	磁条	双面胶带	塑料包布	美纹纸	原子印油	漆笔	白板笔	签字笔	洗涤剂	打印纸带	A4塑料皮	A3塑料皮	保鲜膜	壁纸刀	壁纸刀片

A组装"15min"线内自主保全

负责人：李×
确认人：安××

08年6月　　修订：2008-5-13　　（计划：○）　　OK：◎　　异常：●　　A总装组　夜班

序号	主-1工位 内容	保全项目 标准	日期 1	2	3	4	5	6	7	8	9	10	11	12	13	14	15	16	17	18	19	20	21	22	23	24	25	26	27	28	29	30	31
一	缸体翻转滚笼托架点检及"4S"	滚笼无破损，托架无油污、毛刺		○							○						○									○						○	
	接油盒"4S"	盒内无废油，表面清洁																															
	FL扳手及定位销验具点检及"4S"	与品标一致、指针无变形指向"0"刻度、手柄销子无丢失																															
	活塞插入套桶及治具点检	内部无毛刺，治具固定牢靠，无破损																															
二	缸体转盘点检及"4S"	转盘表面无异物、毛刺、油污		○																													
	活塞放置台点检及"4S"	挂钩固定牢靠、表面无油污																															
	缸体托盘放置台车"4S"	台车表面无油污、挡杆无破损																															
	吊具二次保护点检	有二保，且固定牢靠、无毛刺																															
	KBK的点检	固定螺母和穿销螺母无松动脱落																															
三	防异物落入治具及放置台车的点检及"4S"	治具无缺少、无破损，表面无异物及油污附着，托架固定牢靠、无油污					○				○					○						○											
	本工位停放台车点检"4S"	螺母无松动脱落，表面无油污																															
	小分箱及其挂架"4S"	内部无异物、无破损，表面无油污																															
	看板放置托架"4S"	表面无油污																															
四	随即看板盒点检及"4S"	完好无破损，表面无油污						○				○						○							○								
	气动扳手、气锤点检及"4S"	套头无裂纹、无刻痕，反转灵敏，无异音，螺栓无脱落、表面无油污																															
	QL扳手的点检"4S"	数值与标识一致，套头无裂纹、无刻痕，螺栓无松动，表面无油污																															
五	涂号小装台"4S"及地面清理	表面清洁，无粉笔沫，无异物							○									○					○					○					
	平衡吊具和气管的点检及"4S"	挂钩无变形，扳手固定牢靠，扳手可缓慢上升，气管无破裂，无油污																															
	滚道的点检及"4S"	挡板完好、固定牢靠，转辊无破损丢失，滚道表面清洁，无异物附着																															

每日负责人进行自主保全，确认人进行确认，遇到异常立即呼叫线外，由线外进行异常处置并填写相关记录

问题点记录	（日）	（日）	（日）	（日）	（日）

图 7-4　生产线自主保全管理方法和手段

6. 环境管理维度

随着国家对环境治理的重视，制造型企业的环保要求也越来越严格，生产线班组的环境管理工作也必须要认真、有效地执行。

1）根据生产过程中产生的各种废弃物的不同属性，可以将废弃物分为危险废弃物、不可回收废弃物、可回收废弃物和建筑废弃物等。

2）输出废弃物清单，将主要成分和次要成分列明，同时将排放频次、排放数量和储存位置等管控基准一并明确。

3）在生产线边要分别设置盛装各类废弃物的垃圾桶，对各种废弃物区分进行收集、管理。

4）制定异常处置流程和机制，如生产线发生了油、液等化学制品泄露的处置。

在生产线完成了以上准备工作后，才能将生产线的环境管理工作真正有效地管控起来。具体的方法和机制可以参考图 7-5。

废弃物清单									
部门：　　　　　　　　日期：　　　　编号：　　　　　填写人：									
序号	名称	分类类别	主要成分	次要成分	基本数量	排放频次	存放地点	备注	
注：废弃物分为危险废弃物、不可回收废弃物、可回收废弃物和建筑废弃物。									

图 7-5　生产线环境管理示例

7. 人员管理维度

前文提到的从安全、质量、交付，到成本、设备和环境，所有的管理维度最终都要落到人员管理上，这才是生产线班组管理的重中之重。生产线班组人员管理主要围绕以下几个方面进行：

1）出勤管理，包含每天生产线人员出勤管理和计划好的年度休假计划执行的管控。

2）5S活动、QCC小组改善，以及改善提案活动的推行和管理。

3）作业者的技能培养提升活动等。

其中，针对作业者的不同特点有针对性地培养和训练，对提升作业者的主人翁意识，帮助作业者做好职业生涯发展规划，提升生产线整个班组的团队意识，创造一个积极向上、有活力的生产现场发挥着不可替代的作用。表7-3所列为作业者技能培养表。

当生产线班组"7个维度"的管理重点和标准建立起来后，在日常管理的执行过程中要进行相应的调整和完善，这需要在生产线班组管理的执行方式上做出转变，这个转变体现在"3个层面"。

7.2.2 生产线班组管理的"3个层面"

1. 维持管理层面

维持管理是生产线日常管理的核心，做好维持管理，生产现场才可能保持一个安定的状态，一个安定的状态才能保证生产线是安全的，产品的质量是稳定和可靠的，生产效率是高效的。针对生产线的维持管理，要从以下几个方面来具体推行：

1）生产线作业者要按照节拍的要求，遵循作业循环的标准，保持现场标准中间在制品的设置，遵照安全要点、品控要点的要求，保质、保量、按时完成生产任务，实现生产现场每班的正常的作业状态。

2）正常状态下，生产线的班组长要遵照每班生产线的检查、确认的管理规范，认真做好班前、班中和班后的各个管理循环的观察、检查等通常的现场监督工作。

3）当生产线出现异常时，生产线班组长要采取措施马上解决问题，让生产线尽快恢复到正常状态，后续要组织相关人员进行检讨，找到问题的根源，解决问题并制定标准化的管理要求，从源头上解决问题，预防同样的问题再次发生。

2. 改善层面

生产现场可能会发生各种各样的问题，这就要求生产线班组长具备发现问题和解决问题的能力。日本丰田公司对问题的理解还是很有特色的，丰田认为

表 7-3 作业者技能培养表

作业方面		异常处置方面		品质检查方面		自主保全方面	
●使用一般工具的组装作业（锤子、钢丝钳、片扳手等）	⊕	●套头的好坏判断和替换作业（龟裂、裂纹、磨耗等）	⊕	●螺栓、螺母的好坏判定作业	⊕	●气动扳手、气管接头的外表清理	⊕
●使用扭矩扳手的拧紧扭矩确认作业（各种扳手）	⊕	●冲击扳手的好坏判断和替换作业（扭矩不足、异响等）	⊕	●部品的初物检查作业（内制、外购部品的好坏判断）	⊕	●各种扳手的外表清理	⊕
●胶桶的替换作业（根据道查规定）	⊕	●平衡器的返回速度调整、替换作业	⊕	●垫片组装状态的好坏判定作业（方向性、错位、异物咬入等）	⊕	●平衡吊具的外部清理	⊕
●难做作业（人体工程学）	⊕	●试漏仪的替换作业	⊕	●密封部品（油封、O形圈）的组装状态的好坏判定作业（卷边、开裂、异物咬入等）	⊕		
●作业延迟工程的对应作业（安全在库、不合理处置）	⊕	●拧紧机的异常处置（套头替换、拧紧、跑程等）	⊕	●自工程、组装部品的好坏判定作业	⊕		
●防误装置的点检、指示（组装机、互锁）	⊕	●检测机的异常处置（万用表、验表等）	⊕	●运用五感（听、看、触、嗅、味等）的异常判定作业	⊕		
●自动涂胶机的计量	⊕	●搬送装置、移载装置的处置作业（自动卸载机、自动组装机）	⊕	●1分钟组装扭矩检查作业（误品、欠品、拧紧组装品的好坏判断）	⊕		
●伴随生产准备变动的工程变更的准备作业（作业组合、布局、指示等）	⊕	●部品指示装置的异常处置作业	⊕	●气门间隙修正作业	⊕		
●使用测定机，可以判断物料（内部制造、外购件好坏，与相关部门联络调整）	⊕	●互锁的异常处置作业	⊕				
●变更点的把握、跟踪	⊕	●搬送装置异常处置作业（叉车、升降机）	⊕				

注：符号 ○⊕●含义。○不具备该技能；⊕不具备培训计划；●正在培训，有培训计划；⊖了解操作要领和要求；●在保证质量和安全的前提下可以实现标准作业；●能按照节拍操作，有异常可以解决异常问题；●在保证质量和安全的前提下可以实现标准作业，有异常问题自己能处理，并具备指导能力

现状和理想状态之间的差距就是问题，对于理想状态还分为现在的理想状态和更高的理想状态，将现状和目前的"理想状态"之间的差距定义为发生型的问题，要马上进行改善。当问题解决达到现在的理想状态时是否就高枕无忧了呢？丰田说还不行，应该树立更加理想的目标状态。将目前的"理想状态"和更高的"理想状态"之间的差距定义为设定型的问题，对这类问题需要有追求，通过持续改进，继续提升管理水平和能力。图7-6所示为丰田对问题的理解。

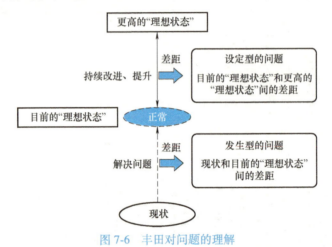

图7-6 丰田对问题的理解

从丰田对问题的理解出发，"维持管理"是解决发生型的问题，是对现在问题的解决；"改善"就是解决设定型的问题，是对更高目标和理想的一种积极向上的追求。

3. 人才培养层面

生产线不单单是作业者付出劳动获得工资的地方，也是每个人通过现场改善，解决自己的问题，发挥自我价值的场所。维持管理和改善工作都是需要由作业者和班组长形成的团队来执行的，团队成员是否具备熟练的作业技能，以及是否了解和掌握安全、质量、交付、成本、设备、环境和人员管理等方面的知识和技能，需要针对每个团队成员进行定期的了解和判断，再根据每个人的特点和具体情况制订培养计划，通过有组织的在岗培训方式予以训练和提高。就像丰田提出的"造车先育人"的理念，要做好生产线的班组管理工作，就要从人才培养开始做起。

7.3 生产线班组管理的道具——班组管理板

生产线日常运行和管理的状态要从结果和过程上进行判断，有效的过程管控才可能有好的结果。生产线班组管理的结果应该管控哪些方面，按照什么标准和时间频度来进行管控也要明确标准和执行的手段，这时就要应用班组管理板这个道具了。图 7-7 所示为班组管理板的应用样式，可以借鉴应用。

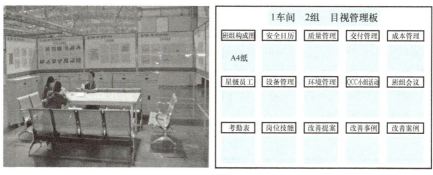

图 7-7 班组管理板的应用样式

生产线班组管理板针对 7 个维度的结果管理体现在管理指标的设定、班组的日常管控频次以及结果上，典型的 7 个维度指标管理方式和表单如下：

1. 班组管理板——安全管理内容

生产线班组长每天、每班的安全管理方面主要抓的是劳保用品的正常穿戴及生产线的安全隐患巡查，最终的结果体现在每班的安全管理绿十字表上，见表 7-4。

表 7-4 安全管理绿十字表

××公司　1车间　2班组　安全日历（2022年）

（绿色：无事故；粉色：轻伤事故；红色：重伤事故）

2. 班组管理板——质量管理内容

生产线的质量管理侧重于作业者在生产产品的过程中要按照标准作业和作业标准的要求操作，通过安定化生产过程保证产品质量的稳定性和可靠性。产品的质量结果体现了质量过程管控的有效性和可靠性，帮助企业对生产线过程管理的状态做出判断。根据不同的行业属性，每个班次管理的指标为不良率、良品率或者不良项次等，同时要对结果数据进行推移管理，判断是向好的还是在恶化的趋势，以便后续采取有针对性的措施加强控制和改进。表7-5所列为不良项次统计推移管理表。

表7-5 不良项次统计推移管理表

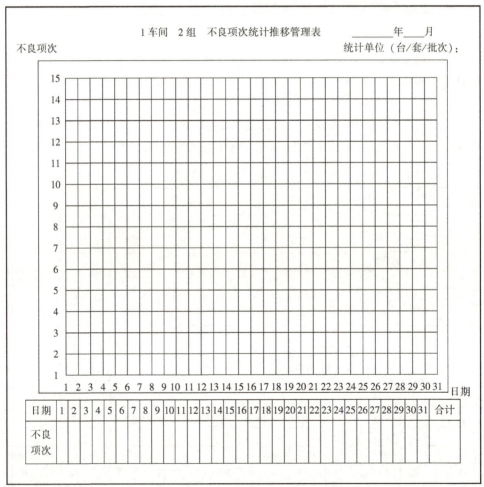

3. 班组管理板——生产管理内容

生产线的生产交付管理侧重于生产计划的达成管控。针对每个生产班次，要从数量上对每个产品的生产任务完成情况进行结果对比确认,同时还要对生产计划达成的比例进行分析,把握生产任务完成的状态,以便保证每天、每周、每月能够实现保质、保量、按时交付。表 7-6 所列为生产计划与实际管理表。

表 7-6 生产计划与实际管理表

1 车间　2 组　8 月生产计划与实际管理表

型号		日期																														
		1	2	3	4	5	6	7	8	9	10	11	12	13	14	15	16	17	18	19	20	21	22	23	24	25	26	27	28	29	30	31
	计划																																
	实际																																
	计划																																
	实际																																
	计划																																
	实际																																
	计划																																
	实际																																
	计划																																
	实际																																
	计划																																
	实际																																
	计划																																
	实际																																
	计划																																
	实际																																
合计	计划																																
	实际																																
日生产计划达成率(日实际产量/日计划产量)																																	

4. 班组管理板——成本管理内容

生产线的成本管理体现在对各种物料的重点管控上，特别是对生产线使用的各种低值易耗品和辅料等的日常领用管理。按照生产线成本管理的要求，将各种低值易耗品和辅料的使用情况和生产量挂钩，分解到1年的12个月中，按照年度的12个月分别进行实际领用和计划标准的推移管理，提高成本管理意识，从每一个细微之处抓好生产线的成本管控工作。图7-8所示为生产线成本管理推移图。

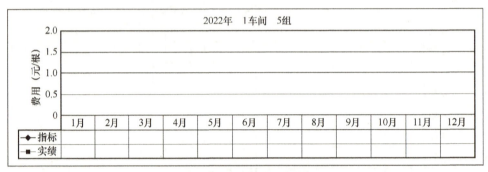

a) 低值易耗品费用管理推移图

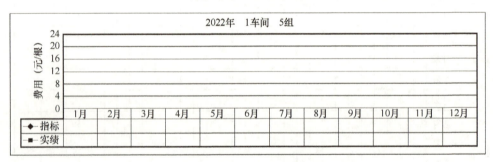

b) 辅料、油化品费用管理推移图

图7-8　生产线成本管理推移图

5. 班组管理板——设备管理内容

生产线的设备管理重点在改变设备维护保养的观念，生产线的作业人员要树立自己使用自己保养的意识，改变"等设备出了故障，造成了停机损失，再进行事后故障维修"的设备管理方式为"提前进行设备的清扫、润滑和防松"的预防保养式设备管理，从源头上做好设备管理工作，预防设备故障的发生。故生产线设备管理的结果指标是设备故障次数和停机损失时间的推移管理，由生产线班组长按照每班的频度进行统计管理。表7-7所列为生产线进行设备管控使用的设备故障次数记录表。

表 7-7 设备故障次数记录表

生产线2组 设备故障次数记录表
目标：故障"0"的设备比率为95%以上，故障1台以下

设备名称	设备编号	班次：(白班)　　　　　月
机油盘涂胶机	WMZK-0001	
进水室涂胶机	WMZK-0002	
中间试漏机	WMTS-0001	
进气管试漏机	WMTS-0012	
燃料系试漏机	WMTS-0003	
润滑系试漏机	WMTS-0002	
冷却试漏机	WMTS-0004	
互锁控制柜	WMCK-0001-3	
气门油封压入机	WMAM-0009	
火花塞护套压入机	WMAT-0004	
凸轮轴瓦盖拧丝机	WMAM-0012	
试漏机	WMTS-0010	
锁片组合机	WMAM-0011	
垫片选择机	WMTS-0011	
上料器	WMAM-0010	
线内验台验具		

设备名称	设备编号	班次：(夜班)　　　　　月
机油盘涂胶机	WMZK-0001	
进水室涂胶机	WMZK-0002	
中间试漏机	WMTS-0001	
进气管试漏机	WMTS-0012	
燃料系试漏机	WMTS-0003	
润滑系试漏机	WMTS-0002	
冷却试漏机	WMTS-0004	
互锁控制柜	WMCK-0001-3	
气门油封压入机	WMAM-0009	
火花塞护套压入机	WMAT-0004	
凸轮轴瓦盖拧丝机	WMAM-0012	
试漏机	WMTS-0010	
锁片组合机	WMAM-0011	
垫片选择机	WMTS-0011	
上料器	WMAM-0010	
线内验台验具		

表 7-8 所列为生产线对设备停机时间推移管理应用的表单。

表 7-8 设备停机时间推移管理表

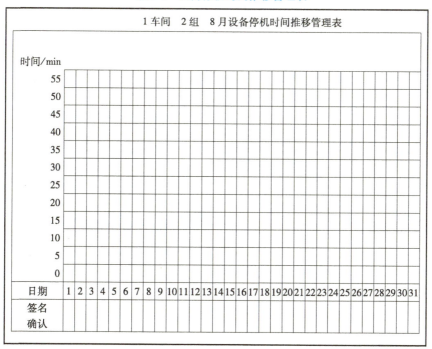

6. 班组管理板——环境管理内容

生产线班组日常要做好对生产线使用的危险品、化学品的检查和确认工作，还要做好对垃圾的分类处理工作，对环境的管理可以结合 5S 管理工作一起进行，按照 5S 和生产现场环境管理的要求，每月定期进行检查和评比，对检查中发现的整改项要制订具体的改善计划，定期完成整改。表 7-9 所列为月度 5S 问题点整改计划表。

表 7-9　月度 5S 问题点整改计划表

1 车间　2 组　11 月 5S 问题点整改计划表

序号	项目	问题点	时间			
			第一周	第二周	第三周	第四周
1	5S 推进体制	生产线日常检查不规范，员工的 5S 复杂工作内容不明确				
2	清扫	工位、设备下清扫不彻底				
3	清扫困难场所	没有合适的工具进行困难场所的清扫				
4	垃圾分类管理	无垃圾分类标识，没有进行及时清理				
5	墙壁	有污物				
6	日光灯	灯罩未清扫，有灰尘				
7	阀门开闭状态标示	无标识				
8	台车、搬运车	清扫不干净				
9	冷却风机	未定期清扫				
10	计测工具	定置无标识				
11	区域标识	标识破损未及时更新				

7. 班组管理板——人员管理内容

生产线班组的人员管理是所有管理工作的基础，主要体现在以下几个方面：

1）考勤管理。作业者的出勤状态是保证生产线能够正常生产的基础，对生产线作业者每班的出勤状况进行确认，并对迟到和缺勤等情况进行标识区分是生产线人员管理的基本要求。表 7-10 所列为生产线进行考勤管理的表单。

表 7-10 考勤管理表

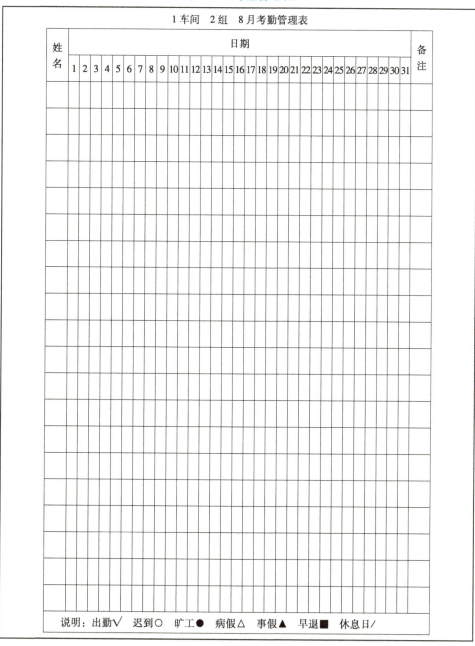

2）技能培养管理。生产线作业者的技能水平对安定化生产至关重要，对作业者的作业技能进行全面培养和训练必不可少。表 7-11 所列为员工技能培养计划表。

表 7-11　员工技能培养计划表

1车间　2组　员工技能培养计划

更新日期：　　年　月　日

作业者	作业内容	机加工10序	机加工20序	机加工30序	清洗	装配螺栓	气密封总装配	测量	培训状态：计划□ 实际■ 延后▨ 1 2 3 4 5 6 7 8 9 10 11 12		员工具备技能数 计划	实际
1	张三	●	◐	◐	⊕	○	○	●			5	3
2	李四	●	●	○	○	○	○	○			5	2
3	王五	●	●	○	○	○	⊕	○			4	2
4	赵六	●	●	○	○	○	○	●			4	3
5	许七	●	●	○	○	●	○	○			5	3
6	杨八	●	●	●	●	◐	○	○			6	4
7	郭九	●	◐	●	●	○	○	○			4	3
8												
具备技能人数	计划	4	4	5	4	5	3	4				
	实际	4	3	4	2	1	2	3				

符号　○ 无培训计划
　　　⊕ 不具备该技能，有培训计划
　　　◐ 正在培训，了解操作要领和要求
　　　◑ 在保证质量和安全的前提下可以实现标准作业
　　　◕ 在保证质量和安全的前提下可以实现标准作业，可以解决异常问题
　　　● 能按照节拍操作，有异常问题自己能处理，并具备指导能力

3）优秀员工表彰。生产线是作业者付出劳动、制造产品、获得薪酬的场所，也是作业者发挥智慧、创造价值、实现个人价值的地方。在生产线的人员管理中，如何调动每一位作业者的工作热情，发挥工作积极性，立足于本职岗位，遵守标准，认真完成每一项工作任务，也是需要重点关注的工作。生产班组每月进行优秀标兵的评审，针对质量方面、综合方面进行优秀标兵评定并予以公示和表彰激励，对鼓舞团队士气、营造赶帮学的工作氛围发挥着不可替代的作用。表7-12所列为生产线班组优秀标兵评比表彰表。

表 7-12　优秀标兵评比表彰表

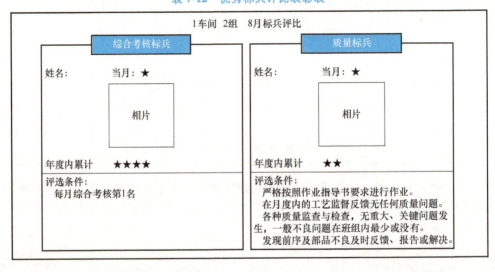

7.4 生产过程管理的道具——生产管理板

生产线的首要工作就是保质、保量、按时完成生产任务，结果很重要，有效的过程管理是结果实现的必要手段，生产管理板就是对生产线的制造过程加强管理的道具。

生产管理板是以每条生产线的生产节拍为基准，将每班的生产任务分解到每小时的时间颗粒度，然后班组长每小时对生产任务完成的情况进行确认，并将确认的结果手工更新在生产管理板上，特别是对没有完成生产任务的原因进行分析和简要记录，并及时采取措施解决相应的困难和问题，以保证后续各个时段的生产能够正常进行，并想办法将这个时段损失的产量后续再弥补回来。图 7-9 所示为生产管理板。

图 7-9 生产管理板

随着信息化技术的进步，生产现场的生产管理板的功能有了较大提升。现在电子化的生产管理板能够按照每个生产节拍的时间颗粒度进行过程管控。在生产现场采用条码扫描技术，进行产品的上生产线扫描和下生产线扫描，可以随时掌握生产线的生产进度，同时可以将生产过程中发现的异常问题结合"安灯"的应用一起加强管理，实现生产线信息及时、准确地收集、传递和管理。图 7-10 所示为电子化生产管理板。

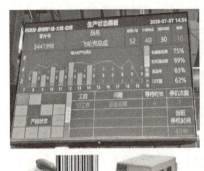

图 7-10　电子化生产管理板

7.5　班组长生产线管理标准化方法改善

确定了生产线班组管理的维度和基准,如何执行?还是要对班组长的管理标准化做出规定和要求,这就是生产线班组长日常管理规范的改善。

生产线的管理维度包含安全、质量、交付、成本、设备、环境和人员等 7 个方面,对这些管理维度要进行过程和结果的确认和管理,管理内容较多,怎样在有限的每班工作时间内将所有的管理工作都保质保量地完成,就需要进行详细和具体的策划。根据生产线班组管理的内容和特点,将班组长的日常管理规范优化为班前、班中和班后 3 个阶段。

1. 班前管理主要工作内容

1)车间班前会:记录车间布置的当天工作内容及注意事项。

2)查看交接班记录,工段班前会:对交接班记录上的内容进行落实,制定解决方案;布置车间工段当日工作内容;根据人员出勤情况做出人员调整。

3)生产前的准备工作:组织进件,巡视班组设备运转状况。

4)班组班前会:传达车间、工段安排的有关事宜,通报班组内上个班次产生的生产、质量、现场、安全等有关事项。

2. 班中管理主要工作内容

1)安全检查:检查职工劳保用品的穿戴,对生产线内的吊拉设备、安全重点控制点进行现状确认,对存在危险作业的情况采取方案解决。

2)现场 5S:检查生产现场,对生产线工位器具进行定置管理,对在制品数量进行确认，对 5S 对应的内容进行检查和整改。

3）生产进度检查：落实计划执行情况，对影响生产的因素进行分析并采取相关措施。

4）工艺纪律检查、过程质量控制：检查作业者规范操作的状况，对违反工艺纪律的情况进行教育整改，对当前质量控制的状况进行确认，对质量缺陷的原因进行分析和方案制定。

5）走访下道用户：到下道工序了解当前生产产品的质量状况，掌握缺陷产生的部位，听取用户的意见和建议。

6）落实走访用户的内容：对走访用户过程中记录的问题进行落实整改，采取措施杜绝再次发生。

7）改善活动：把握班组现状，寻找影响产品质量、生产节拍、安全的问题点，考虑改进方案。

8）人员管理：对作业者进行评价，做好每日工段员工的评比工作，组织员工进行多技能培训。

9）不良品管理：对生产过程中产生的废次品进行集中处理，分清工废和料废，落实责任，清理废品架，填写废品统计表。

10）零件供应确认：对生产线上的零件供应状况进行确认，零件储备不足的及时组织补充。

3. 班后管理主要工作内容

1）生产现场、线内品质、零件供应的检查和确认：对班后生产现场，压线在制品品质、现场零件储备情况进行检查，保障下个班次生产正常进行。

2）班后会：对当班问题进行汇总，反省当天工作中的不足，制定改进的措施。

3）汇总当天班组记录：将班组员工出勤记录、班组管理记录本、不合格品统计表、重点设备点检卡、吊拉设备点检卡、安全记录、员工评价表、改善事例表、多技能培训表、员工合理化建议等表格集中收集。

4）填写交接班记录：将本班次产生的问题及需要交代的注意事项记录在交接班记录上。

从以上生产线班组长的日常管理工作规范中可以看出，班组长每班的工作内容覆盖了安全、质量、生产、成本、设备、环境和人员管理等 7 个维度，每个维度的管理工作详细具体，具备可操作性。班组长需要认真学习和掌握以上管理工作的标准和技法，理解各项管理工作的内涵，将生产线各项管理工作认真、有效地管控起来。表 7-13 所列为班组长的每日工作规范。

表 7-13 班组长的每日工作规范

序号	区分	负责人	时间	工作项目	工作内容	相关记录表格	检查人	频次
1	班前	班组长	白班：8:15—8:25 夜班：21:35—21:45	车间班前会	记录车间布置的当天工作内容及注意事项	工作日记本	车间领导	1次/天
2		班组长	白班：8:25—8:30 夜班：21:45—21:50	查看交接班记录、工段班前会	对交接班记录上的内容进行落实，制定解决方案；布置车间工段当日工作内容；根据车间人员出勤情况做出人员调整	交接班记录本	车间领导	1次/天
3		班组长	白班：8:30—8:35 夜班：21:50—21:55	生产前的准备工作	组织进件，巡视班组设备运转状况	1. 零件供应记录本 2. 重点设备点件卡	车间领导	1次/天
4		班组长	白班：8:30—8:35 夜班：21:50—21:55	班组班前会	传达车间、工段安排的有关事宜，通报班组内上个班次生产的生产、质量、现场、安全等有关事项	班组管理记录本	车间领导	1次/天
5		班组长	白班：8:35—9:10 夜班：21:55—22:30	安全检查	检查职工劳保用品的穿戴，对生产线内的吊拉设备、安全重点控制点进行现状确认，对存在危险作业的情况采取方案解决	1. 班组安全记录本 2. 吊拉设备日常点检卡	车间领导	随时
6		班组长	白班：9:10—9:40 夜班：22:30—23:00	现场5S	检查生产现场，对生产线工位器具进行定置管理，对在制品数量进行确认，对5S应对的内容进行检查和鉴改	班组长日常点检表	车间领导	随时

第7章 生产线的班组管理改善

序号	时段	责任人	时间	工作项目	工作内容	记录表单	检查人	频次
7	班中	班组长	白班：9:40—10:10 夜班：23:00—23:30	生产进度检查	落实计划执行情况，对影响生产的因素进行分析并采取相关措施	调度日记	车间领导	随时
8	班中	班组长	白班：10:10—10:40 夜班：23:30—24:00	工艺纪律检查、过程质量控制	检查作业者规范操作的状况，对违反工艺纪律的情况进行教育整改，对当前质量控制的状况进行确认，对质量缺陷的原因进行分析和方案制定	1. 工艺纪律检查记录表 2. 质量评审单	车间领导	随时
9	班中	班组长	白班：10:40—11:10 夜班：24:00—24:30	走访下道用户	到下道工序了解当前生产产品的质量状况，掌握缺陷产生的部位，听取用户的意见和建议	走访用户记录本	车间领导	1次/天
10	班中	班组长	白班：11:10—11:40 夜班：24:30—01:00	落实走访用户的内容	对走访用户过程中记录的问题进行落实整改，采取措施杜绝再次发生	走访用户记录本	车间领导	1次/天
11	班中	班组长	白班：12:10—12:50 夜班：01:00—01:40	改善活动	把握班组现状，寻找影响产品质量、生产节拍、安全的问题点，考虑改进方案	改善事例表	车间领导	1次/天
12	班中	班组长	白班：13:00—14:00 夜班：01:40—02:40	人员管理	对作业者进行评价，做好每日工段员工的评比工作，组织员工进行多技能培训	1. 员工评价表 2. 多技能培训表	车间领导	1次/天

（续）

序号	区分	负责人	时间	工作项目	工作内容	相关记录表格	检查人	频次
13	班中	班组长	白班：14:00—15:00 夜班：02:40—03:40	生产进度检查	落实计划执行情况，对影响生产的因素进行分析并采取相关措施	调度日记	车间领导	随时
14	班中	班组长	白班：15:00—16:00 夜班：04:00—05:00	工艺纪律检查、过程质量控制	检查作业者规范操作的状况，对违反工艺纪律的情况进行教育整改，对当前质量控制的状况进行确认，对质量缺陷的原因进行分析和方案制定	1. 工艺纪律检查记录表 2. 质量评审单	车间领导	随时
15	班中	班组长	白班：16:00—16:30 夜班：05:00—05:30	现场5S	检查生产现场，对生产线工位器具进行定置管理，对在制品数量进行确认，对5S对应的内容进行检查和整改	班组长日常点检表	车间领导	随时
16	班中	班组长	白班：16:30—16:50 夜班：05:30—05:50	不良品管理	对生产过程中产生的废次品进行集中处理，分清工废和料废，落实责任，清理废品品架，填写废品统计表	不合格品统计表	车间领导	1次/天
17	班中	班组长	白班：16:50—17:10 夜班：05:50—06:10	零件供应确认	对生产线上的零件供应状况进行确认，零件储备不足的及时组织补充	零件供应记录本	车间领导	随时

第7章 生产线的班组管理改善

		时间	负责人	工作内容	工作要点	记录表单	监督人	频次
	18	白班：17:10—17:30 夜班：06:10—06:30	班组长	生产现场、线内品质、零件供应的检查和确认	对班后生产现场、压线在制品品质、现场零件储备情况进行检查，保障下个班次生产正常进行	1. 班组长日常点检表 2. 整车评审报告单 3. 零件供应记录单	车间领导	1次/天
班后	19	白班：17:30—17:40 夜班：06:30—06:40	班组长	班后会	对当班问题进行汇总，反省当天工作中的不足，制定改进的措施	班后会议记录本	车间领导	1次/天
	20	白班：17:40—17:50 夜班：06:40—06:50	班组长	汇总当天班组记录	将班组员工出勤记录、班组管理记录本、设备点检卡、安全记录、重点设备点检本、不合格品统计表、吊拉设备点检表、员工评价表、改善事例表、多技能培训表、员工合理化建议等表格集中收集	以上所有记录本及表格	相关人员	1次/天
	21	白班：17:50—18:00 夜班：06:50—07:00	班组长	填写交接班记录	将本班次产生的问题及需要交待的注意事项在交接班记录上	交接班记录本	车间领导	1次/天
	22	—	班组长	下班回家	—	—	—	—

7.6　生产线班组管理的"T级会议"管理改善

层级会议（Tier Meeting）简称"T级会议"，是一个每日职责管理流程的具体应用。它通过系统性和规律性的活动，由团队共同确认指标完成情况，以及各种信息、问题和改进机会的跨部门的交流和沟通，制定解决问题的对策，通过改进措施、结果跟踪来达到提升管理水平的目的。

"T级会议"根据不同的区域、范畴一般分为T1会议、T2会议和T3会议3个等级。

1. T1会议由各生产线班组长主持召开

1）T1会议通常在每个班次开始前召开，是生产班组长和员工之间召开的10min左右的简短会议。

2）T1会议的重点是班组长对前一天的工作绩效（包括任何一个细节）进行点评，然后评估和安排当天的生产任务及其他注意事项。

3）在一周指定的几天内，会对重点主题给予特别关注，包括安全、质量、5S审查结果、小组成员提出的改善建议实施情况等。

4）公布本班组每天的劳动力计划和轮班计划。

2. T2会议由车间经理主持召开

1）T2会议是T1会议后车间经理与班组长每天召开的会议。

2）由车间经理主持召开的这一会议关注两个话题：执行任务和改善任务。

3）各个生产线班组管理板上的信息基本包括关键流程和设备状态，以及本周或本月到目前为止的安全、质量、交货和成本方面的绩效数据概要，班组长在参会前要更新相关数据的趋势图表，做好汇报准备工作。

4）T2会议的焦点是了解和追踪图表中反映的每一个偏差。班组长需要准备汇报以下内容：发生了什么问题和困难；正在采取哪些措施进行相应的改进；是否需要T1、T2、T3会议中其他人的支持与帮助。

5）T2会议分配和确认改善任务安排以及进展情况。

3. T3会议由生产总监主持召开

1）T3会议是T2会议后生产总监与生产经理和职能管理团队代表召开的会议。

2）T3会议是在车间管理现况板边召开的每日定期、定点的专项会议。

3）在T3会议中，各部门的每日绩效数据及趋势管理情况被更新，内容包含安全、质量、交货及成本等典型要素，还有相关的一些其他要素。

4）车间经理简要评估当日的人员分配情况，然后简要评估前一天的生产表现。

5）生产总监会重点审查前一天的安全、质量、生产绩效、成本、设备等管理追踪图表，仔细查看完成情况、出现偏差的原因，然后基于数据与各职能部门经理检讨各项问题与困难的解决之道，进行任务分配与安排。

6）会议最后一个议题是评估还未解决的逾期问题及当日应该完成的改善任务。

“T级会议”机制之间的关系是各个层级要把握自己可以调动的资源，在自己负责的区域和范畴内解决和改进问题。当自己的资源不足或需要跨部门、跨职能的支持和帮助时，在上一个层级的会议上提出，寻求支持和帮助。各上层级会议按照管理和支持流程，对需要支援和帮助的团队进行资源的调配，帮助解决问题，这就是“T级会议”管理改善的精髓，图7-11所示为“T级会议”问题暴露和解决机制流程。

异常问题暴露&记录&跟进
关键问题聚焦&分析
解决：短期应急措施
T1
作业者和班组长
班组内的任务
异常问题聚焦&记录&跟进
系统化的任务分配
解决：现场改善
T2
班组长和车间经理
车间内的任务
异常问题聚焦&记录&跟进
系统化的任务分配
解决：系统化、协同改进
T3
车间经理和各职能部门负责人
跨部门的任务
需要支持
需要支持
需要
支持
部门级别
车间级别
班组级别
管理和
支持流程
管理和
支持流程
管理和支
持流程

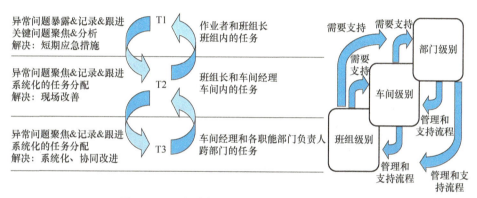

图7-11 “T级会议”问题暴露和解决机制流程

“T级会议”具体的组织和运行形式如图7-12所示。

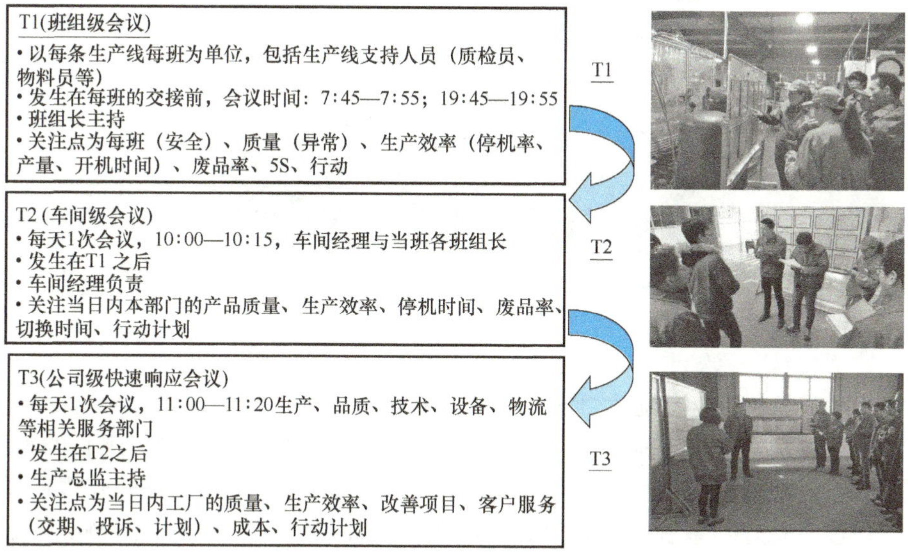

T1(班组级会议)
• 以每条生产线每班为单位，包括生产线支持人员（质检员、物料员等）
• 发生在每班的交接前，会议时间：7:45—7:55；19:45—19:55
• 班组长主持
• 关注点为每班（安全）、质量（异常）、生产效率（停机率、产量、开机时间）、废品率、5S、行动
T1
T2 (车间级会议)
• 每天1次会议，10:00—10:15，车间经理与当班各班组长
• 发生在T1之后
• 车间经理负责
• 关注当日内本部门的产品质量、生产效率、停机时间、废品率、切换时间、行动计划
T2
T3(公司级快速响应会议)
• 每天1次会议，11:00—11:20生产、品质、技术、设备、物流等相关服务部门
• 发生在T2之后
• 生产总监主持
• 关注点为当日内工厂的质量、生产效率、改善项目、客户服务（交期、投诉、计划）、成本、行动计划
T3

图7-12 “T级会议”具体的组织和运行形式

7.7　生产线异常管理的道具——"安灯"应用改善

"安灯"是日语"灯、灯笼"的音译,是一个对生产线发生的各种异常进行报警的道具。这个生产线异常管理的道具发源于日本丰田公司的生产现场,一般采用三色灯(红色代表质量问题,黄色代表物料问题,绿色代表设备问题等)和警报音的方式,起到报警提醒的作用,是一个快速地暴露问题和解决问题的机制在生产现场的有效应用。

1. "安灯"系统有助于生产现场快速地暴露问题

当生产线上出现作业者无法解决的问题,影响正常生产时,作业者就可以拉动"安灯"系统产生声光报警,然后将生产线停下来等待相关的管理人员到现场来帮助解决问题。很多的生产制造型企业对生产现场停线的影响非常重视,一般情况下不允许生产线停线。但是生产线如果出了问题也不停线的话,一些问题就会被掩盖,随着问题的堆积,将会产生更大的停线损失,生产效率损失会更大。"安灯"系统将发生异常停线的权利交给了生产线的普通作业者,当生产过程中不能按照标准继续工作的时候,就可以停线呼叫管理人员来解决问题,虽然时常会有小的停顿发生,但是随着问题被解决,生产线的运行会越来越安定,整体的运行效率和管理水平都会得到提升,所以"安灯"是一种有效地暴露问题的道具。图7-13所示为生产现场实际应用的"安灯"。

图7-13　生产现场实际应用的"安灯"

2. "安灯"系统有助于快速地解决问题

当生产线的作业者拉动"安灯"停线报警后,生产线的班组长要马上到报警的生产位置,确认问题。如果是生产线作业方面的困难,通过班组长的辅助支持后,问题可以得到解决。如果是物料短缺、质量问题、设备故障等问题,可以通过"安灯"系统的三色灯通知相关的职能管理部门到现场来解决问题。

如果"安灯"系统在生产现场超过一定的时限还没有停止，意味着相关的管理人员还没有到现场去解决问题，系统就会发出信息通知车间经理、相关的职能管理部门领导，推动问题快速和有效的解决。图 7-14 所示为"安灯"系统在各个职能管理部门的应用。

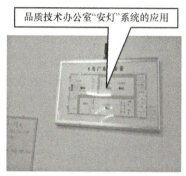

图 7-14 "安灯"系统在各个职能管理部门的应用

3. "安灯"系统可以帮助生产线对异常和损失进行定量统计和分析，为后续的改善工作提供支持和帮助

以暴露问题和解决问题为导向，以问题清零为目标，"安灯"系统及时、准确的数据收集和分析功能可以帮助生产线更加有效地找到问题的根源，帮助生产现场从根源上解决问题，"安灯"系统应用的后台数据的归纳、总结和分析必不可少。图 7-15 所示为"安灯"系统后台数据的应用。

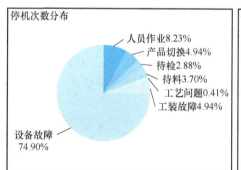

生产线区分	停机类型	停机数量（次）	停机时长/min
生产1线	人员作业	20	357
生产1线	产品切换	12	4876
生产1线	待检	7	2581
生产1线	待料	9	4930
生产1线	工艺问题	1	190
生产1线	工装故障	12	798
生产1线	设备故障	182	21209

图 7-15 "安灯"系统后台数据的应用

7.8 生产线改善管理的道具——"大野圈"应用改善

"大野圈"源自日本丰田汽车公司生产方式的奠基人大野耐一先生,这是他用于训练其部下的方法,即用粉笔在车间地板上画一圆圈,让接受培训的人站在其中数小时学习观察现场,发现问题。大野耐一会随时返回检查其部下现场观察之所得,对于那些回答说没有发现问题的人,他们会被要求在圈内站更长的时间来学习发现问题。大野耐一将生产现场的浪费归纳为过量生产、库存、搬运、等待、动作的浪费、过度加工和不良7种,如果不充分了解现场的实际情况,就无法有效识别浪费,更谈不上开展改善活动解决问题了。图7-16所示为"大野圈"的应用样式。

图7-16 "大野圈"的应用样式

在生产线发现问题和解决问题是持续提升生产线运营水平的必要之路,"大野圈"为生产线训练班组长发现浪费提供了非常有效的方法,它为团队主管的日常改进活动提供了结构化的方式,也为时间有限的高级主管提供了解现场的机会。"大野圈"的实施应用步骤如下:

1) 选择一个安全的并容易观察到现场作业的观察点,拿粉笔或者胶带在观察点画一个圆圈,作为"大野圈"的位置。

2) 站在"大野圈"中观察作业过程30min。

3) 记录这段时间内你发现的30个问题点,可以是浪费现象,也可以是针对安全、环境、空间以及能源应用等方面的问题。

4) 对记录的问题清单进行浪费类型的区分,以便根据不同的问题情况采取有针对性的措施进行改善。

5) 和现场团队进行问题的根本原因分析,从而确定后续的改善对策。

6) 在后续的30min内一般会将安全问题放在首位,和现场团队一起至少实施一项改善措施，来解决现场的具体问题，通过半小时的改善活动让现场发生改变。

7）无法在30min解决的问题，要将问题清单列在现场的班组管理板上，便于后续现场团队继续改善解决这些问题，也便于管理者定期返回现场跟进问题解决的进度以及需要的支持。

"大野圈"改善活动的步骤强调30/30/30，在30min内识别出30个问题，通过30min的改善活动至少解决一个问题，表7-14所列为"大野圈"改善活动问题记录表。

表7-14 "大野圈"改善活动问题记录表

序号	问题描述	浪费分类							要素区分			
		过量生产	库存	搬运	等待	动作	过度加工	不良	安全隐患	环境影响	人因工程	能源损耗
1												
2												
3												
4												
5												
6												
7												
8												
9												
10												
11												
12												
13												
14												
15												
16												
17												
18												
19												
20												
21												
22												

（续）

序号	问题描述	浪费分类							要素区分			
		过量生产	库存	搬运	等待	动作	过度加工	不良	安全隐患	环境影响	人因工程	能源损耗
23												
24												
25												
26												
27												
28												
29												
30												

参 考 文 献

[1] 门田安弘. 新丰田生产方式 [M]. 王瑞珠,译. 保定:河北大学出版社,2001.
[2] 科英布拉. 物流与供应链改善 [M]. 郑玉彬,宋殿辉,等译. 北京:机械工业出版社,2016.
[3] 李东升. 标准作业 [M]. 北京:中国计量出版社,2006.
[4] ROTHER M, HARRIS R. 创建连续流 [Z]. 精益企业中国,译. 上海:精益企业管理咨询有限公司,2008.